贝佐斯的数字帝国

THE
AMAZON
MANAGEMENT
SYSTEM

[美] 拉姆·查兰 Ram Charan
[中] 杨懿梅

亚马逊如何实现
指数级增长

著

机械工业出版社
China Machine Press

图书在版编目（CIP）数据

贝佐斯的数字帝国：亚马逊如何实现指数级增长 /（美）拉姆·查兰（Ram Charan），（中）杨懿梅著 . —北京：机械工业出版社，2020.2（2024.5 重印）

书名原文：The Amazon Management System

ISBN 978-7-111-64685-3

I. 贝… II. ①拉… ②杨… III. 电子商务 – 商业企业管理 – 研究 – 美国 IV. F737.124.6

中国版本图书馆 CIP 数据核字（2020）第 029641 号

北京市版权局著作权合同登记 图字：01-2019-7514 号。

Ram Charan, Julia Yang. The Amazon Management System.

Copyright © 2019 by Ram Charan & Julia Yang.

Simplified Chinese Translation Copyright © 2020 by China Machine Press. This edition is authorized for sale in the Chinese mainland (excluding Hong Kong SAR, Macao SAR and Taiwan).

No part of this book may be reproduced or transmitted in any form or by any means, electronic or mechanical, including photocopying, recording or any information storage and retrieval system, without permission, in writing, from the publisher.

All rights reserved.

本书中文简体字版由 Ram Charan 和 Julia Yang 授权机械工业出版社在中国大陆地区（不包括香港、澳门特别行政区及台湾地区）独家出版发行。未经出版者书面许可，不得以任何方式抄袭、复制或节录本书中的任何部分。

贝佐斯的数字帝国：亚马逊如何实现指数级增长

出版发行：机械工业出版社（北京市西城区百万庄大街 22 号　邮政编码：100037）

责任编辑：李晓敏

责任校对：殷　虹

印　　刷：北京建宏印刷有限公司

版　　次：2024 年 5 月第 1 版第 11 次印刷

开　　本：147mm×210mm　1/32

印　　张：8

书　　号：ISBN 978-7-111-64685-3

定　　价：69.00 元

客服电话：(010) 88361066　68326294

版权所有 • 侵权必究
封底无防伪标均为盗版

| 作者简介 |

拉姆·查兰（Ram Charan）

全球著名管理咨询大师、畅销书作家。

在过去50年中，他服务过很多全球知名企业，其中包括通用电气（GE）、美洲银行、杜邦、诺华制药、EMC、威瑞森电讯（Verizon）、3M、印度的塔塔集团及GMR集团、土耳其的Yildiz控股、巴西的3G及RBS集团等。

他毕业于哈佛大学，拥有工商管理硕士（MBA）及博士学位，还曾在哈佛商学院任教，并获得过通用电气、哈佛商学院以及美国西北大学颁发的优秀教师奖。

他已完成27本商业著作（含合著），如《领导梯队》《CEO说》《客户说》《高潜》等。其中，他与拉里·博西迪合著的《执行》曾荣登《纽约时报》畅销书排行榜，他与拉里·博西迪、查尔斯·伯克合著的《开启转型》以及他独著的《求胜于未知》曾荣登《华尔街日报》畅销书排行榜。

杨懿梅

咨询顾问、企业家教练。

她有近 20 年相关实践经验，曾就职于麦肯锡咨询公司、贝恩资本私募股权投资基金，在管理咨询和股权投资领域有丰富的实战经验。

目前她正与查兰一起服务于中国企业家，工作重点包括企业转型、持续增长、战略执行、业务创新、组织人才、公司治理、家族传承、家族接班人培养等。

她毕业于哈佛大学、清华大学，目前，为清华－MIT（美国麻省理工学院）全球 MBA 项目授课。

| 赞　誉 |

我认为,《贝佐斯的数字帝国》有三个值得推荐的理由:

第一,务实。本书从深入了解、研究总结和思考一个现代社会非常优秀的全球性企业的管理之道着手,将亚马逊的管理体系拆解为六个模块,有助于读者领略贝佐斯的设计思想;逻辑性强、结构性强,有助于读者理解和记忆。特别是在互联网时代,这些思想不仅对互联网企业的管理者适用,同时也对几乎所有互联网时代的企业的管理者适用。

第二,适于国人。本书作者明显了解中国的企业生存状态、常见问题,甚至思考了企业管理的思维语境。本书绝对不是一本简单的西方企业管理图书的中译本,而近乎是为中国企业管理者量身定制的以海外优秀企业为模板进行分析的企业管理用书,但是又避免了中国企业管理图书中经常出现的视野狭窄、用例简单且数次复制等问题。

第三,理性客观。书中强调亚马逊的成功是创始人、亚马逊核心人物、发展历史特有的气质、共同的价值观等综合因素造就的。读者不能简单照搬,而应该更多地学习亚马逊的基本思路和核心精神。

龚宇　爱奇艺创始人、CEO

查兰大师是"活着的历史",对于过往的企业管理经验有深厚的积淀,能够博古;查兰大师还能通今,始终活跃在管理实践的第一线,这是尤为难得的。亚马逊是一个很好的数字化时代成长起来的企业样本,在融合实体世界和数字世界方面拥有许多成功经验。《贝佐斯的数字帝国》从多个维度剖析了亚马逊是如何跨越不确定性并实现指数级增长的。比照宜信现在做的事情,借助大师的洞察和操作实践分析,能为我们面向未来坚持做艰难但正确的事带来很多启发性的思考。

未来,对于个人来说,不是科技代替了人,而是那些善用科技的人代替了"你"。对于组织来说,可能"科技公司"这个词会消失,因为所有的企业都应该是科技公司。那些善于利用移动互联网,善于利用大数据、云计算,并逐步把人工智能化为公司能力的一部分的组织,将是未来的赢家。

唐宁　宜信创始人、CEO

本书深刻解析了贝佐斯提出的"对客户,要永远保持敬畏"——定义一家伟大的公司,要从为客户、用户创造多少价值出发;要精准洞悉客户需求,综合性地帮助客户提高效率,利用科技、系统化的服务,更好地帮助客户发展。

姚劲波　58同城创始人、CEO

亚马逊公司收入超过两千亿美元，市值超过万亿美元且能持续高增长，一直是企业效仿和学者研究的好案例。《贝佐斯的数字帝国》对成长中的公司 CEO 来说价值非常高。它从业务模式、人才招募、数据支撑、创新引擎、决策机制以及组织文化六个方面，详尽地介绍并总结了亚马逊公司指数级增长背后的组织管理体系。所谓深入才能浅出，没有对亚马逊公司组织管理体系很深的了解，没有很深厚的管理经验的积淀，是很难写出这本逻辑结构严谨、语言简单精练的管理秘籍的。

本书对我启发最大的是亚马逊的决策机制。对于一个体量如此大的公司，能够做到决策既好又快，实在不易，确实和它分类决策的原则有关。本书的独特性还在于，可以让读者快速地抓到亚马逊的管理公式。我相信本书对中国高科技和互联网公司的持续成长，会有很高的参考价值。

南立新 《创业邦》创始人、CEO

| 写在前面 |

关于亚马逊,你肯定或多或少听说过。其中,有些是真相,有些也许是讹传,但大都是零零散散、碎片化的。

我们会在书中通过**系统性的描述、结构化的剖析**,带你深入了解亚马逊管理体系,为你深度挖掘其**底层的内在逻辑**,帮你高度提炼其**顶层的设计思想**。

本书关于亚马逊管理体系的事实性描述,基于公开信息、相关机构分析研究、亚马逊部分离职及在职的高管访谈,以及多渠道多角度的比对核实。

在与企业家、创业者及公司高管的交流与合作中,我们发现,有些企业已从亚马逊管理体系中汲取了一些适合自己的方法,并在实践中取得了显著的成效。

在写作过程中,我们一直秉承**力求精简、只讲干货**的指导原则,尽最大可能,**为大家创造最好的阅读体验**,让大家读起来不费劲,一眼就能看到重点。

谢谢你翻开了这本书,一本会给你带来很多思考、很多改变的书。

致 谢

在写作本书的过程中,很多人给予了我们极大的帮助,在此向他们致以最诚挚的感谢。

感谢我们有幸接触过的企业家、创业者及公司高管。感谢他们的信任与分享,让我们有机会深刻了解他们面对的时代变化以及他们面临的艰难挑战,与他们一起并肩作战,共同探索,变中求胜。是他们的问题激发了我们的思考,不断推动我们持续深入,探究本质。

感谢机械工业出版社的编辑,在成书的过程中,他们多次与我们一起探讨数字时代的企业管理,并在每个细节上追求创新、追求极致。

| 导 读 |

本书怎么读，时间回报更高

杨懿梅

每个人的生命中，最宝贵的就是时间。

小时候读《匆匆》，与朱自清先生一起感怀"我们的日子为什么一去不复返呢"；后来听《时间都去哪儿了》，任由那句"还没好好感受年轻就老了"在毫无防备间击中内心的柔软。

现在，大家都生活在全面提速的数字时代，每天都过得跟打仗一样，一睁眼就是一堆各种各样的事。抽出时间，读本好书，实在是件奢侈的事。

为此特别感谢你翻开了这本书，一本也许会给你带来很多思考、很多改变的书。那怎么读，才能让你的时间回报更高呢？为此，在本书正式出版前，我们特意邀请了一些企业家、创业者朋友共同尝试，一起探讨。下面是大家的经验体会，希望对你有帮助。

第一步：快速阅读，把握重点

亚马逊的管理体系是什么，由哪 6 个模块构成，每个模块的关键要点是什么，有什么独特的思路及方法。争取在 2 小时内快速读完。如果你坐飞机或乘高铁，应该一趟行程即可读完这本书。如果你只有 10 分钟的时间，建议先快速浏览图书最后的本书小结——亚马逊核心管理思想及方法。

在本书写作过程中，我们一直秉承：**只抓干货，力求精简，不废话；一眼就能看到重点，读起来不费劲**。正如亚马逊始终坚持痴迷客户，我们也希望为大家创造最好的阅读体验。

第二步：结合实际，深度思考

自己所在企业的管理方法有哪些，参照亚马逊的管理体系，自己所在的企业在哪些方面做得更好；在哪些方面也想到了，但还没做到；在哪些方面还缺乏思考；亚马逊的哪些方法非常适合自己所在的企业，可以马上学习借鉴；哪些方法思路很好,但目前还不具备必要条件,还需要有耐心,花力气,夯实基础;哪些方法可能根本就不适合,需要舍弃。

亚马逊管理体系最重要的精妙之处,就是"契合"(FIT),与创始人的创业初心,与企业的使命、愿景及发展战略,与核心团队的性格、禀赋及价值观都高度匹配。

最适合亚马逊的未必最适合所有人,全盘照搬并非明智之举。

第三步:集体研讨,实验试点

如果你是企业的一把手,若从亚马逊管理体系中得到了特别好的启发,尤其是面对那些一直让你痛苦不已、思考多年而未得其解的问题,突然发现亚马逊竟然已有现成的且很精妙的解决之道,也许你会激动不已,甚至心头冲动,恨不得马上启动。

如果你正有此意,千万打住!**此刻的耐心,一刻千金。**

如果你要推动组织变革,**先得建立思想上的共识,才能实现行为上的改变。**你不妨组织大家集体学习、集体研讨,在充分认知的基础上推动理念转变,再推动实验试点。

在实验试点的过程中，你得不断总结经验，持续迭代，等真正理顺了、跑通了、得到验证了，再大规模铺开，也许效果更好。

亚马逊管理体系对你有什么启发？其中哪些方法可以为你所用？如何打造最适合自己、最适合数字时代的管理体系？让我们在共同探索的道路上，一起前行。

每一天都是创业的第一天！

谨记，共勉。

| 目 录 |

作者简介

赞　誉

致　谢

写在前面

导读：本书怎么读，时间回报更高

亚马逊管理体系： 是什么，对我们有什么用　　　　　　　2

　　　亚马逊管理体系，是什么　　　　　　　　　　　　4

　　　　　模块1　业务模式：痴迷客户，拓展边界　　　　6
　　　　　模块2　人才招募：极高标准，持续提升　　　　6
　　　　　模块3　数据支撑：聚焦于因，智能管理　　　　7
　　　　　模块4　创新引擎：颠覆开拓，发明创造　　　　8
　　　　　模块5　决策机制：既要质量，更要速度　　　　9
　　　　　模块6　组织文化：坚决反熵，始终创业　　　　10

　　　了解亚马逊，对我们有什么用　　　　　　　　　　11

　　　　　如果你是企业家、创始人　　　　　　　　　　11
　　　　　如果你是公司高管　　　　　　　　　　　　　12
　　　　　如果你是中基层经理　　　　　　　　　　　　13
　　　　　如果你是职场小白　　　　　　　　　　　　　15
　　　　　如果你是创业者　　　　　　　　　　　　　　16

模块1　业务模式：痴迷客户，拓展边界　　18
不仅要让客户满意，更要让客户惊喜

亚马逊的业务模式，如何演进　　21
1.0版：单品类电商，从图书开始　　22
2.0版：多品类电商，不断快速拓展　　24
3.0版：线上零售平台，构建生态，对外赋能　　27
4.0版：线上线下打通，加强基础设施，持续拓展边界　　32

模式演进的底层逻辑，是什么　　40
痴迷客户　　40
为客户创造　　43
长线思维　　46
投资未来　　50

亚马逊业务模式的成功，靠什么　　54

模块2　人才招募：极高标准，持续提升　　56
用"挑剔"的眼光寻找"非凡"的人

如何定义正确的人　　60
实干家：既有创新，又能实干　　61
主人翁：着眼长远，极有担当　　64
内心强大：特能扛事，特能抗压　　67

如何招到正确的人　　69
谁做表率：贝佐斯自己用的是什么方法　　69
谁来把关：如何坚持对人的极高标准　　72

招聘流程：如何提升组织的选人能力	74
自我选择：如何让错误的人自我觉知	77

如何把人用好留住 80
帮助新人加速成长 80
给予老将全新挑战 82

如何吸引顶级人才 85

模块3　数据支撑：聚焦于因，智能管理 90
用数据追踪真相，日常管理智能化

凡事要有数据支撑 94
极为细致 95
极为全面 97
聚焦于因 99
实时追踪 102
核实求证 103

推动智能经营管理 107
智能推荐 109
智能定价 109
智能履约 112
智能三方管理 112

投资巨大，回报更大 113
释放组织精力 114
推动持续提升 116

模块4　创新引擎：颠覆开拓，发明创造　　120
持续颠覆，创造规模巨大的全新市场

愿意付出什么代价　　123
　　敢于打造新的能力　　124
　　敢于颠覆现有业务　　126
　　敢于开创全新市场　　127
　　不怕失败，持续探索　　129
　　不畏艰难，保持耐心　　132

如何持续产生创意　　133
　　人人都有好的创意　　133
　　要为客户发明创造　　135
　　优势必须显著独特　　136
　　规模必须非常大　　137

如何打磨好的创意　　139
　　撰写新闻通稿　　139
　　目标客户是谁　　141
　　成功的标准是什么　　144
　　可能遇到的困难与障碍有哪些　　146

如何推动创意实现　　148
　　组建全职项目组　　150
　　选对项目负责人　　151
　　全程负责到底　　153

模块5　决策机制：既要质量，更要速度　　156
决策要既好又快，重点在"快"

决策速度怎么提高　　160

决策分类：按性质不同，分成两类	160
决策授权：第二类决策，大胆授权	162
授权给谁：谁具体负责，就谁决策	163
加快审批：从串联审批，改为并联审批	164
常规决策：尽量数字化，智能决策	165

重大决策如何既好又快 — 167

挖掘真相：全面准确，不能有疏漏	168
想象变化：放眼未来，想什么会变	170
反对一团和气：不同观点，激烈碰撞	171
不必全体同意：保留己见，服从大局	173
遗憾最小模型：人生苦短，少留遗憾	174
万一决策失误：充分吸取教训，持续学习提升	176

组织决策能力如何提升 — 177

统一原则：面临冲突，如何取舍	178
独特方法：告别PPT，深度思考	181
亲自践行：率先垂范，行胜于言	185

模块6　组织文化：坚决反熵，始终创业 — 188

每一天，都是创业的第一天（Day 1）

为何强调"第一天" — 192

事关公司生死存亡：坚持与熵增做斗争	194
事关超越客户预期：永不满足是神圣的	195

如何防范"第二天" — 196

四条初级版建议	196
三条高级版建议	199

如何打造"第一天"的组织文化	208
明确具体定义：从口号到具体行为	209
设计落地方法：从理念到日常工作	212
做到以身作则：在每个决策中践行	216
赋予特殊意义：在独创奖项中强化	220

本书小结　亚马逊核心管理思想及方法	223
附录A　亚马逊9条管理及决策方法	229
附录B　亚马逊14条领导力原则	231

亚马逊管理体系
是什么，对我们有什么用

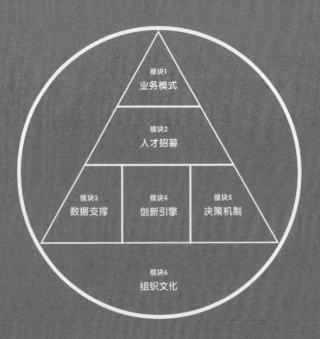

· 亚马逊管理体系 ·

业务增长，离不开组织支撑；超快速的业务增长，需要超强大的组织支撑。我们会通过系统性的描述、结构化的剖析，带你深入了解亚马逊管理体系，为你深度挖掘其底层的内在逻辑，帮你高度提炼其顶层的设计思想。

亚马逊管理体系,是什么

业务模式:痴迷客户,拓展边界(模块1)

人才招募:极高标准,持续提升(模块2)

数据支撑:聚焦于因,智能管理(模块3)

创新引擎:颠覆开拓,发明创造(模块4)

决策机制:既要质量,更要速度(模块5)

组织文化:坚决反熵,始终创业(模块6)

了解亚马逊,对我们有什么用

无论你是企业家、创始人、公司高管、中基层经理、职场小白还是创业者,或许都会受到启发从 1994 年创立至今，亚马逊 25 年的成长历程，毫无疑问是令人惊叹的，也是令人钦佩的。

与很多只成功一次，之后就靠吃老本的企业不同，亚马逊在最初安身立命的业务基础上，实现了一次又一次的创新与颠覆，实现了一次又一次的突破与成长。

亚马逊从图书开始，从单品类电商开始，不断拓展业务边界，不仅打通了线上线下，还构筑了遍及全球的平台生态，通过基础设施对外服务，从服务个人客户（2C）做到了赋能企业客户（2B），还进入智能硬件、智能语音、金融服务、本地服务、游戏、影视、娱乐，乃至壁垒极高的医疗行业。

2018 年，亚马逊总收入已高达 2329 亿美元，折合人民币超过 1.6 万亿元。公司市值一路飙升，于 2018 年 9 月 4 日突破万亿美元大关。虽然之后亚马逊公司市值有所波动，但

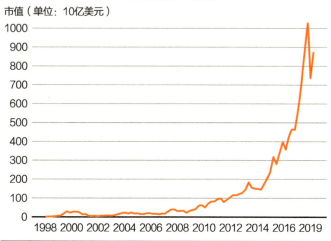

亚马逊市值一路飙升

资料来源：彭博资讯，BBC。

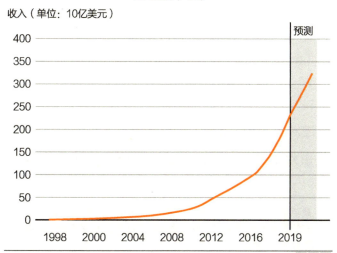

亚马逊势不可当

资料来源：彭博资讯，BBC。

仍然保持在 9000 亿美元上下，是全球市值最高的四家公司之一，其余三家为微软、苹果及谷歌。[一]

即便业务体量如此大，亚马逊也没有放慢快速增长的脚步，它的下一个目标是收入万亿美元，因为放眼全球，放眼很多客户体验还不够极致的领域，放眼现在还没有被发明创造出来的全新领域，其成长空间是无限的。

业务增长，离不开组织支撑。超快速的业务增长，需要超强大的组织支撑。否则就会出现，跑着跑着，组织就散了架、脱了形的情况。

那么亚马逊的管理体系是什么，究竟有什么过人之处呢？

亚马逊管理体系，是什么

通过对亚马逊多年的追踪研究，我们认为亚马逊管理体系是由六个关键模块组成的。每个模块都是整体系统的

[一] 截至 2019 年 9 月 16 日收盘，微软公司市值为 1.04 万亿美元，苹果公司市值为 9938 亿美元，亚马逊公司市值为 8943 亿美元，谷歌公司市值为 8539 亿美元。

重要组成部分，而且每个模块之间有着**密不可分的相关关系**。

如果把每个模块逐一拆解，细细剖析，你就会发现亚马逊的管理思想和深层逻辑，与大家司空见惯的许多传统做法的确有很大的不同。有些大家熟悉的口号，在我们看来是喊完了也就完了的事，亚马逊却是非常认真的，而且真的以系统性的方式不折不扣地做到了。

模块 1　业务模式：痴迷客户，拓展边界

不少企业号称客户第一、以客户为中心，但落到实处的残酷真相是：以老板为中心、以对手为中心，或者以股价涨跌为中心。说是要看长远，但当期业绩指标的压力就摆在那里，所谓长远，大多就是两三年。

亚马逊在构建其业务模式时，始终聚焦核心，坚持**痴迷客户、为客户创造、长线思维、投资未来**，不断探索全新模式，不断拓展业务边界。

贝佐斯经常提醒大家：客户是亚马逊最宝贵的资产；**对客户，要永远保持敬畏**；亚马逊不仅要满足客户不断提升的要求，还要为客户发明创造，给客户带来惊喜；一切都要看长远，衡量亚马逊成功与否的根本标准是，能否为股东创造长期价值；投资未来比当期盈利更重要。

模块 2　人才招募：极高标准，持续提升

"人才为先，以人为本"之类的口号，大家都不陌生，然而有多少企业能够清晰定义人才标准，在识人用人方面肯投入大量的精力，不仅有详细的书面记录，还有从招聘到入职，再到之后发展的端到端的持续跟踪及数据分析？

亚马逊始终坚持对人才招募的极高标准，通过严谨的招聘流程、精心设计的自我选择机制、独具特色的用人留人方法，打造自我强化的人才体系，持续提升组织整体的人才水平。

亚马逊要的是**既创新又实干，内心强大，特能扛事，特能抗压，而且极具主人翁精神的人**。在招人时，不仅要严格把关，还要确保招人标准的持续提升。

在亚马逊，**招人被视为最重要的决策**，因为其管理者深知，企业成败的关键在于人。贝佐斯经常说：你的人，就是你的企业。人不对，再怎么补救都没用。

模块 3　数据支撑：聚焦于因，智能管理

几乎所有企业都定业绩指标，都做数据分析，都有各种内部管理信息系统。然而，在很多企业，内部信息流动相当不畅，往往条块割据，层级不通，而且非常滞后，有些问题可能需要几个月甚至几个季度才能暴露出来。

数字时代，企业要对数据有全新的认识，因为**数据已成为新的核心资产。**

亚马逊不仅致力于打造跨部门、跨层级、端到端的数据

指标体系，还对每个数据指标提出了非常严苛的要求，即必须做到以下五点：**极为细致、极为全面、聚焦于因、实时追踪、核实求证**。为什么呢？因为亚马逊相信，当每个真正的因被充分挖掘，被深刻认知，被严格追踪、不断优化并做到极致时，卓越的果自然就会出现。

亚马逊还充分利用数字技术，开发智能管理工具系统，通过严格追踪、考量、分析每个影响客户体验及业务运营的原因，快速发现问题并解决问题，甚至自动完成常规决策。

建设这样的数据支撑体系，的确是投资巨大、耗时经年的系统性工程，但随着时间的推移、数据的积累、算法的迭代，其创造的回报不仅巨大，而且是越来越大的。

数据支撑体系的一大好处就是，贝佐斯及整个亚马逊高管团队，都可以**几乎不怎么花时间在日常经营管理上，而是把主要精力投入到两三年以后的事情上**，为亚马逊打造永不熄火的创新引擎。

模块 4　创新引擎：颠覆开拓，发明创造

当今时代，所有企业都知道创新重要，所有企业都希望在创新上有所突破。然而，虽然重视，也投入了，结果却总

是那么不尽如人意。原来期许的重大突破，渐渐变成小小改良；原本期待的大胆创意，后来却越做越小。

在这方面，亚马逊的表现是极为惊艳的。他们致力于发明创造，致力于打造**持续加速、持续颠覆、持续开拓的创新引擎**，不仅要取得自身业务的快速增长，还要创造规模巨大的全新市场，比如云服务（AWS）、智能音箱（Echo）、智能语音平台（Alexa）。

为了坚持发明创造，**他们愿意付出常人不愿付出的代价**，做到了敢于打造新的能力、敢于颠覆现有业务、敢于开拓全新市场，不怕失败，持续探索，不畏艰难，愿意等待。他们**通过独特的工具方法**，比如点子工具、新闻通稿、全职小团队等，确保了创意的持续产生、精细打磨，以及创意的高效试错及实验落地。

在亚马逊，那句"创意无限"，真的变成了现实。

模块 5　决策机制：既要质量，更要速度

当今时代，变化的速度和幅度都远超以往。这意味着，时代对企业决策能力提出了更高的要求。**数字时代，决策必须既好又快，重点在"快"**。关键决策一旦慢了，市场窗口

一旦错过，即便处于领军地位的头部企业，也会错过整整一个时代，甚至是一次错过，次次错过。

然而，在很多传统企业，决策质量也许还好说，但决策速度实在太慢。对此，想必大家都有很多亲身经历，其间的郁闷、撮火、煎熬与无奈，现在回想起来，也许记忆犹新。

在决策机制方面，亚马逊在重视决策质量的同时，**更强调决策速度**，不仅做到了既快又好，而且形成了一套明确具体的决策原则和方法（比如告别 PPT，改写叙述文），这样一线团队能按统一要求做好决策，从而把授权赋能落到了实处。

模块 6　组织文化：坚决反熵，始终创业

通常，企业在创立之初，业务不太多、团队规模不太大时，都能保持快速灵活。然而，随着业务的快速发展，人越来越多，部门越来越多，层级越来越多，组织变得越来越复杂，所谓的大公司病，如流程复杂、行动迟缓、组织僵化，也随之滋生并蔓延开来。

亚马逊在其成长过程中，**不断强调始终创业，永远都是第一天（Day 1）**，即无论公司发展多快、规模多大、实力多强、市值多高，都要像创业第一天一样，快速灵活、持续迭代。

为此，亚马逊坚决与熵增做斗争，抵制形式主义，打击骄傲自满，力求消灭官僚主义；始终坚持真正痴迷客户，拥抱外部趋势，不断提高决策速度。

为**持续打造并不断强化"第一天"的组织文化**，亚马逊完成了从口号到具体行为的清晰定义，设计了从理念到日常工作的落地方法，做到了在每个决策中以身作则，并通过独创奖项，赋予了组织文化特殊的意义。

了解亚马逊，对我们有什么用

所有企业家、创业者、公司高管、中基层经理甚至职场小白，都必须充分认识到，数字时代已经到来，客户已经数字化，传统的、已沿袭百年的企业管理模式，已无法应对新时代的要求与挑战。要想在新时代求生存、求发展、求突破，必须勇敢探索。

这不是一种选择，而是必须去做。

如果你是企业家、创始人

将来，所有企业都会是数字化企业。

在新的数字技术赋能、改造、升级传统行业的过程中，被颠覆的也许不只是某家企业,还是某个行业;被创造出来的,也许会是全新的、更广阔的市场空间。

比如说,二三十年前,大家认为以 IBM、甲骨文(Oracle)、EMC 为代表的 IT 系统架构是不可取代的,这几家领军企业的江湖地位是不可撼动的。然而,随着云服务的横空出世,你会发现市场格局及企业命运正在发生重大的改变。

亚马逊就是这样的颠覆者,它颠覆了传统的图书销售、传统的超市百货、传统的履约物流、传统的 IT 系统,还在不断探索,持续拓展。

挑战与机遇并存。好消息是,很多传统企业还没有真正开始数字化的探索,还在沿用传统方式经营。如果此时你主动改变,果断行动,也许就能做到一步先,步步先。

你敢不敢改变?

如果你是公司高管

数字时代,是用新的方式管理企业,**公司高管的角色定位及工作职责会发生重大的转型。**

随着数据指标体系的搭建、智能管理系统的应用,高管们将不再需要通过无穷无尽的汇报会来了解经营情况;很多过去消耗大量时间和精力的决策，也有相当部分可以自动完成。

在亚马逊，高管已经可以**从繁重的日常经营管理任务中解放出来**，能够更好地专注于公司级的关键决策、资源配置及顶层设计，投入到需要深度思考、系统性提升的关键工作之中，比如怎样大幅提升客户体验，怎样有效推动新的产品创新及业务孵化。

要做到像亚马逊高管那样，你需要持续提升自己、突破自己，比如深入研究客户，充分了解数字技术的威力，并大胆发挥想象力，思考如何大力借助新技术提高客户体验，改变组织管理模式，全面提升组织运营效率。

你能不能突破？

如果你是中基层经理

相比传统企业，组织层级动辄 7 层、9 层、12 层，甚至更多，**在数字化组织中，组织层级会大幅缩减**，比如 5 层、4 层，甚至只有 3 层。

在亚马逊服务的企业中，已有传统企业完成了这样的组织变革，从原来的 8 层精简到 3 层。不仅组织效率大幅提升，而且新产品研发周期也大幅缩短，从原来的6～9个月降到了2个月。近两年来，亚马逊接连推出了对客户极具吸引力、对行业极具冲击力的颠覆性产品。

组织层级的缩减，的确意味着传统中基层领导岗位的减少。但请别灰心，别觉得沮丧，其实在新时代，面对诸多机会及不确定性，企业更需要像你们这样的中坚力量。

在亚马逊，有很多高管曾经都是中基层项目负责人。他们从带领小团队开始，力求在新产品、新服务、新业务及新技术的战场上取得突破。

业务少的时候，他们是小团队的小CEO；将来业务做大了，团队规模也大了，他们就是大组织的大CEO。比如，今天亚马逊云服务（AWS）业务的全球CEO安迪·杰西（Andy Jassy）就是这样成长起来的。

刚开始，不怕事情小。每件小事，都是成长历练的机会。正所谓，没有小角色，只有小演员。哪怕就做一个产品，也可以将之做成像微信、头条、抖音这样的超级产品。

你们将会是企业的中坚力量，企业将来的接班人也会从你们之中诞生。

你想不想试试？

如果你是职场小白

如果你工作不久，还是职场小白，恭喜你来到了对年轻人最友好的时代。

新时代，会带来很多新问题。你不会、没见过，其实别人（即便是有一二十年经验的老将）也未必见过。既然如此，大家都得从头开始，共同探索。

新时代，组织管理会有新的模式，这是大势所趋。**如果你更早看清大趋势，就能更早、更有意识地为自己创造学习提升的机会**，比如选择在数字技术应用方面领先的企业，正在积极探索数字化管理的企业，正在尝试以敏捷小团队为组织单元的企业，也能更早、更有效地为组织创造价值。

在亚马逊，新人会惊喜地发现，自己的工作从一开始就很有意思，且很有意义。一进项目组，就会接触到各种厉害的人物，就能参与实际工作，有些事甚至能自己决策。而且如果真能做成，那么自己的工作成果就有可能让亿万消费者从中受益。

亚马逊服务过的所有企业及企业家，都非常渴望找到有抱负、有潜力、想学习、肯下功夫的年轻人。为了吸引这些好苗子，他们正在打破传统的培养晋升路径，为年轻人创造更好的机会，给他们更大的舞台，让他们更快地成长。**新时代，给了你前所未有的好机会。**

你要不要把握？

如果你是创业者

如果你是刚刚起步的创业者，随着业务增长、团队规模增长，早晚都会面临如何构建组织、如何设计管理体系的问题。**请不要再把沿袭百年的传统管理方式当作样板，不假思索地继承下来。**

我们对数量繁多的传统组织层级、条块割据的传统组织架构，对每年一次的战略规划、财务预算、绩效考核等几乎被视为"金科玉律"的管理机制，都要高度警惕。因为在新的数字时代，很多传统做法已经过时，必将制约你的快速扩张。

请把目光转向数字化组织，比如亚马逊，看看他们是如何设计管理体系的，想想他们的体系为什么能强有力地支撑业务及组织的超高速增长。他们今天的成功，也许就是你的未来。数字时代，如何构建组织，如何设计管理体系，不仅需要学习别人，还需要自己勇敢探索。

你愿不愿一起探索？

※ ※ ※

我们会通过系统性的描述、结构化的剖析，带你深入了解亚马逊管理体系，为你深度挖掘其内在逻辑，帮你高度提炼其顶层设计思想。

必须强调的是，**亚马逊管理体系最重要的精妙之处，就是"契合"（FIT）：** 与创始人的创业初心，与企业的使命、愿景及发展战略，与核心团队的性格、禀赋及价值观，都高度匹配。

然而，最适合亚马逊的，未必最适合所有企业，全盘照搬，并不明智。

什么才是最适合自己的数字化管理之道？

让我们边读边想，一起探索。

模块 1

业务模式：痴迷客户，拓展边界

· 亚马逊管理体系 ·

亚马逊在构建其业务模式时，始终聚焦核心，坚持痴迷客户、为客户创造、长线思维、投资未来，不断探索全新模式，不断拓展业务边界。

亚马逊的业务模式，如何演进

1.0 版：单品类电商，从图书开始

2.0 版：多品类电商，不断快速拓展

3.0 版：线上零售平台，构建生态，对外赋能

4.0 版：线上线下打通，加强基础设施，持续拓展边界

模式演进的底层逻辑，是什么

始终坚持以下四条：痴迷客户、为客户创造、长线思维、投资未来

亚马逊业务模式的成功，靠什么

1994年创建亚马逊前,贝佐斯就职于量化对冲基金巨头萧氏公司。该公司创始人为斯坦福大学计算机博士大卫·萧(D.E.Shaw)。早在30多年前,这位萧先生就开始尝试量化投资,大胆探索通过量化分析、智能算法,让计算机自动完成金融交易。

为了探索互联网的商业潜力,很快被提升为副总裁的贝佐斯,每周都会跟萧先生一起头脑风暴,天马行空地畅想未来。头脑风暴后,贝佐斯负责把各种奇思妙想都记录下来,逐一分析其可行性。

早在1994年年初,他们就想到了几个颇有前景的创意。比如,为客户提供免费电子邮箱,然后通过广告赚钱。是不是有点似曾相识?这不就是后来雅虎及谷歌做的吗?再如,通过互联网,让客户在线自助完成诸如股票或债券等金融投资交易。这不就是后来亿创理财（E*TRADE[⊖]）的业务模式吗？其中，最让贝佐斯心动的是"万货商店"[⊜]。

在研究互联网的过程中，有一个神奇的数字深深地震撼了贝佐斯：2300%，即相比前一年，互联网活跃度大幅提升了23倍。贝佐斯后来多次谈到当时内心的震撼以及之后的思考：这样的超高速增长是极其罕见的，到底做什么样的业务，才能乘势而上？

于是，贝佐斯辞去了华尔街待遇优厚的工作，开始了探索未知的创业之旅。当时互联网行业还处于萌芽时期，贝佐斯的第一步，要从哪里开始呢？

亚马逊的业务模式，如何演进

尽管万货商店的创意非常令人心动，但贝佐斯知道，一步登天、一蹴而就是极不现实的。千里之行，始于足下。

什么是最适合在互联网上售卖的品类呢？贝佐斯列了个清单，其中包括计算机软件、办公用品、服装、音乐等20

⊖ 亿创理财（E*TRADE Financial Corporation）是一家全球知名的网络金融交易商，主要提供个人经纪、投资人经纪及相关产品和服务，在美股投资服务方面一直占据重要地位，1996年上市。

⊜ 贝佐斯的原文表达为"everything store"。

项。深度思考之后,贝佐斯做出了选择:与其漫天撒网,不如聚焦一点,先从图书开始。

1.0 版:单品类电商,从图书开始

贝佐斯为什么在万物之中单单选择了图书呢?

有些原因,不用问贝佐斯,大家也能想到。比如,图书是标准品,市场空间巨大,而且相较其他品类,图书的配送难度不太大。

除此之外,美国图书市场的行业结构比较特殊。英格拉姆(Ingram)和贝克 & 泰勒(Baker & Taylor)两大集团[一],几乎把持了整个图书市场。做图书零售,不必与大大小小的图书出版社逐一联系,只要找到这两家公司,就能开展业务。这对初创企业来说,是巨大的便利。

然而,贝佐斯最看重的并非上述几点。他思考的是,如何创造传统线下书店不可能具备的**独特竞争优势**。

这才是问题的核心。贝佐斯要的不是简单地把客户买书的行为从线下搬到线上;他要的是通过互联网及各种新技术,

㊀ 英格拉姆是全美最大的图书批发商。贝克 & 泰勒成立于 1828 年,是美国历史最悠久的老牌图书批发商。

为客户创造一种全然不同的全新体验，一种即便传统书店有心复制，也无法实现的独特体验。

这会是什么呢？

传统线下书店面积有限，通常一家大型书店最多也就卖10万～15万种图书，而全球正在出版的图书则超过了300万种。通过互联网卖书，就能突破传统书店在面积上的限制，可以给客户提供**"无限选择"**。

此外，传统方式卖书，都会有知名人士的推荐，有的印在书上，有的发表在报纸杂志等媒体上，通常都是各种溢美之词。然而，普通读者的反馈究竟如何，是否存在名不副实、令人大失所望的情况，这就无从得知了。通过互联网，请读者留言，这些来自普通人的、未经修饰加工的**"真实客户反馈"**，也许对买书的人更有帮助。

最后，也是最厉害的，就是**终极个性化服务**，即根据每位客户的基本信息、习惯偏好及特殊要求，为每位客户提供量身定制的服务。这对见惯了标准化、大一统服务的人来说，无疑是种全新的、能带来惊喜的体验：这家公司怎么这么懂我？线下书店是很难做到的，但对精于数字技术的亚马逊，这恰恰是它最擅长的。

无限选择、真实客户反馈、终极个性化服务

这正是贝佐斯最看重的,且只有互联网才能带来的,将决定未来成败的关键竞争优势。因此当亚马逊被传统线下书店集体围剿时,贝佐斯依然显得非常淡定,说对方根本就不是自己的竞争对手。

1994年创业初期,公司名字一直没定下来。贝佐斯尝试过好几个,但总不太满意。有天翻字典时,不经意间,Amazon(亚马逊)跳进了贝佐斯的视野。就它啦!

后来贝佐斯回忆说,这是因为亚马孙[1]"不仅是世界上最大的河流,而且其体量远远超过了其他河流"。或许这就是贝佐斯对自己公司的期许,不仅要做到最大,还要远远超过其他对手。

在图书领域,亚马逊的确做到了遥遥领先。2018年,在全美纸质图书方面,亚马逊的市场份额高达42%,在电子书方面则是占据了令人惊叹的89%的市场份额。

2.0版:多品类电商,不断快速拓展

从图书开始,并没有让贝佐斯忘了自己最初的梦想——打造在线的万货商店。

---

[1] Amazon River 译为亚马孙河,又译为亚马逊河。Amazon 公司的通用称谓为亚马逊。

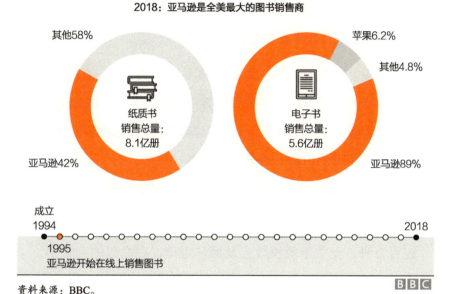

资料来源：BBC。

自1998年起，亚马逊涉猎音乐、影片、礼物、玩具、消费电子、家居家装、软件游戏等多个品类，还进入了英国、德国、中国等海外市场。

除了自身业务快速拓展，亚马逊还通过投资并购⊖，迅速切入了多个垂直领域，如有声书、医药、宠物、金融服务、快消日杂、户外装备、玩具、汽车、红酒及鞋等。

⊖ 这一阶段亚马逊完成的投资并购有Drugstore.com、Pets Smart、Accept.com、HomeGrocer.com、Gear.com、Back to Basics Toys、Greenlight.com、Wine Shopper.com、Audible.de、Zappos等几十项。

在令人眼花缭乱的并购投资、品类及区域拓展之间，在线万货商店的样貌渐渐清晰起来。

业务上的快速发展，并没有让贝佐斯迷失，他一直提醒自己以及亚马逊所有同人必须聚焦客户，痴迷客户。在2001年致股东的信中，贝佐斯首次提出了"**客户体验三支柱**"：**更优的选择、更低的价格、更便捷的服务**；后来又在2008年致股东的信中，再次强调即便放眼未来10年，这些也不会改变。

到2001年，亚马逊在售商品达到4.5万种，在售图书超过百万种；受益于规模效应及摩尔定律，在激烈的竞争中，亚马逊持续保持了极具竞争力的天天低价⊖；通过不断创新，亚马逊推出了一键下单、愿望清单、个性化推荐、实时订单更新、图书在线试读等今天我们已经习以为常的各种新功能，为客户创造了更好的体验、更便捷的服务。

什么是最能打动客户的杀手级服务呢？2005年，亚马逊推出了Prime会员服务，即每年交79美元会员费，便可享受全年无限的2天到货免邮服务。截至2018年年底，亚马逊全球Prime会员总数已超过1亿。⊜

⊖ 亚马逊于2002年做了著名的100本畅销书比价实验，相较线下书店，价格优势显著；详情请参见本书模块3数据支撑：聚焦于因，智能管理。

⊜ 亚马逊2018年公司年报。

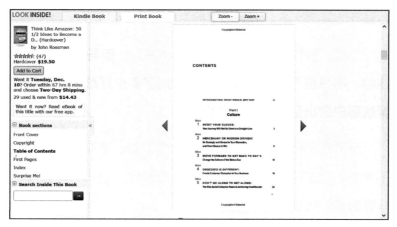

在亚马逊网站上,每一本书都可以用"在线试读"(Look Inside)功能阅读部分章节。

3.0 版:线上零售平台,构建生态,对外赋能

2003 年,贝佐斯提出"**Unstore**",旗帜鲜明地说"亚马逊不是开零售店的",**亚马逊是家科技公司,做的是零售平台**。零售店与零售平台究竟有什么区别?

亚马逊最早的自营业务就是开零售店,只不过不是线下实体店,而是开在互联网上。当亚马逊引进第三方卖家,并对外开放其客户资源、履约物流等各项核心能力时,亚马逊就演进成了零售平台。

所谓平台,必须有多方参与,必须能促成多种产品及多

种服务的复杂交易，而且必须能为参与各方创造价值。

为此，贝佐斯特别强调说，从今往后，**亚马逊最应当关注的，不是自己卖了多少东西、完成了多少订单，而是如何帮助客户做出最好的购物选择。**

为了成为平台，在两次失败[①]的尝试后，亚马逊依然矢志不渝地推出了面向第三方卖家的销售平台。起初，大家对亚马逊的很多做法感到十分困惑。

比如，在客户搜索某件商品时，为什么把第三方卖家的跟自营的放在同一页面上？又如，客户在第三方卖家那里下单后，为什么要开放亚马逊物流服务，帮他们完成订单履约工作？再如，在第三方卖家经营时，为什么要为他们提供各种智能管理工具，为他们赋能，让他们能更好地与自营业务竞争呢？

如果把亚马逊的业务模式看成在线电商，即在线上开零售店的，亚马逊的上述做法的确显得非常不可理喻。为什么要帮助自己的竞争对手呢？

---

① 两次失败指的是 1999 年推出的 Amazon Auctions（主要面对个人卖家的拍卖模式，类似 eBay）以及 zShop（主要面对中小商户卖家开店的平台，模式类似淘宝），后来都被关停。

如果从线上零售平台的角度看，亚马逊这么做就显得理所应当。这些第三方卖家，不是亚马逊的竞争对手，而是根植于亚马逊平台生态中的合作伙伴。发展至今，亚马逊平台生态中已有数百万家合作伙伴。

亚马逊追求的不是自营业务短期收入或利润的最大化，而是与客户建立长期的信任关系

单靠一家，无论多大多牛，能服务的客户以及能为客户提供的选择，总是会遭遇天花板的。通过搭建平台，通过引入合作伙伴，赋能成千上万乃至数百万第三方卖家，亚马逊才能真正做到始终为客户提供更优的选择、更好的价格及更便捷的服务。

当亚马逊把客户资源与第三方卖家分享，通过第三方卖家给客户提供更多的选择、更好的体验时，客户体验就会提升；与此同时，随着平台规模的增长，成本结构不断优化，价格也会随之不断下降，这样客户体验会更好；客户体验更好，客户信任就更多，不仅能提升客户留存率，促进客户消费，还能吸引更多新客户。

客户越多，卖家越多，选择越多，服务越好，成本越低，

价格越低，体验越好，客户越多，如此不断循环向前，不断自我强化——这就是**亚马逊的增长飞轮**。

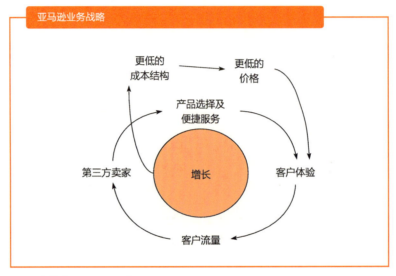

资料来源：亚马逊官网。

截至 2018 年，亚马逊已成为全美最大的线上零售平台，占据 45% 的市场份额，像奔流汹涌的亚马孙河一样，远远超过了其他任何一家。其中，第三方销售业务增长迅猛，1999 年的交易量仅为 1 亿美元，2018 年交易量已激增至 1600 亿美元，20 年的年复合增长率高达 52%。

模块1 业务模式：痴迷客户，拓展边界 | 31

①eBay创立于1995年，是一个可以让全球民众上网买卖物品的线上拍卖及购物网站。

②沃尔玛，美国的这家世界性零售连锁企业，从营业额看是全球最大的零售企业，其控股人为沃尔顿家族。

③家得宝，为全球领先的家居建材用品零售商，是美国第二大零售商，业务遍布美国、加拿大、墨西哥等地区。

④百思买，全球最大的家用电器和电子产品零售集团，其创造了家电销售的一种新型业态模式：大型家电专业店＋连锁经营。

注：因四舍五入，图中数据相加并不严格等于100%。

资料来源：BBC。

4.0 版：线上线下打通，加强基础设施，持续拓展边界

过去 20 多年里，很多人问过贝佐斯，亚马逊会不会从线上杀回到线下。

大家问了很多次，也没见亚马逊有什么动静。其实亚马逊不是不想向线下拓展，只是还在寻找好的机会，还在探索可行的模式。

2015 年 11 月，亚马逊在西雅图开了第一家线下书店。

更大手笔的线下探索是，2017 年 6 月亚马逊以 137 亿美元全资收购了以优质生鲜著称的全食超市○，一举将其 471 家

○ 全食超市（Whole Foods Market）是全美最大的天然食品和有机食品零售超市，也是全美首家获认证的有机食品零售商。全食超市创立于 1980 年，1992 年在纳斯达克上市。

门店收入囊中,从此正式开始了线上线下业务的大规模融合。

2018年1月,亚马逊又推出了"无人超市",主打简餐食品。这种拿了就走、不用排队结账的全新体验,让很多客户惊叹不已。

为什么亚马逊一定要进入线下,而且对**生鲜**这个品类如此重视呢?因为这是**高频业务**。对于自己做饭的家庭来说,生鲜即便不是天天买,一周也得买两三次;而且买生鲜时,大家还是习惯于眼见为实,看看到底新不新鲜、好不好。通过这个特殊品类,打通线上线下,与客户保持高频接触,是所有线上平台，尤其是亚马逊梦寐以求的。

此外，亚马逊还大力加强了自身平台化的基础设施建设，**把核心能力变成了对外服务**。比如，2006年，亚马逊推出了亚马逊履约服务（FBA）、亚马逊云服务（AWS）；2014年又推出了智能语音平台（Alexa）。下面让我们逐一了解下。

通过为第三方卖家提供**亚马逊履约服务（FBA）**，让Prime会员在购买第三方卖家的产品时，也可享受两天到货的免邮服务，不仅解决了第三方卖家的后顾之忧，还能帮助他们提振业务，当然深受第三方卖家的欢迎。

更重要的是，履约物流是固定成本极高、规模效应极大的业务。面向第三方卖家的履约服务，能够帮助亚马逊快速扩大业务量，并在更大的规模上摊薄固定成本，降低亚马逊整体的履约物流成本，提高整体的运营效率。如此看来，在惠及他人的同时，亚马逊自身的收益也是非常显著的。

通过为中小企业提供**亚马逊云服务（AWS）**，让它们按使用量灵活付费，不仅省去了中小企业自建IT系统的固定资产投资，还极大地降低了创办企业及把业务做大在资金、技术和能力方面的门槛。

亚马逊云服务发展至今，已在原有的业务基础上进行了快速的升级与持续的拓展。2006年亚马逊云服务刚推出时，只有简单存储一项服务。之后亚马逊每年都会研发推出新服务，仅2016年就多达1000多项。

为满足特殊客户的特殊需求，2011年，亚马逊推出了专门为政府用户设计的云服务（AWS GovCloud）；2015年，推出了专门为物联网相关应用设计的云服务（AWS IoT）。

在2018年致股东的信中，贝佐斯特别提到了AWS在机器学习及人工智能方面的探索。AWS推出的智能工具，如Amazon SageMaker，能让那些原本无力投入前沿科技研发的企业，把机器学习、强化学习等数字技术快速应用到业务发展之中。

通过对外提供**智能语音平台（Alexa）**，亚马逊已为连同Echo亚马逊智能音箱在内的150种产品、上亿台设备赋能，其中包括耳机、计算机、汽车及智能家居设备等。

这样大规模的使用以及语音语料的收集，反过来对于Alexa自身性能的持续提升与迭代是至关重要的。相比2017年，2018年用户与Alexa的通话次数增加了数百亿次。与此同时，Alexa掌握的事实信息量，增加了数十亿；具备的技能数量增加了1倍，达到8万多个；其理解请求和提供回答的能力，提升了20%以上。

前面谈到的增长飞轮，是面向消费客户（2C）的。**这些基础设施型的对外服务赋能，是规模更大、影响更深远、面向企业客户（2B）的增长飞轮**。对外服务越多，能力提升就会越快，服务拓展就会越多，而且服务成本也会越低，这样客户体验就会越好，于是会吸引更多客户，如此不断循环向前，不断自我强化。

经过25年的发展，亚马逊成功创建了业务遍及全球的商业帝国。2018年，公司总收入为2329亿美元，折合人民币超过1.6万亿元，其中线上自营业务收入占53%，第三方平台业务收入占18%，云服务收入占11%，会员订阅服务收入占7%，线下零售业务收入占6%，还有不到5%的其他业务收入。

2018：亚马逊收入高达2329亿美元

资料来源：BBC。

即便已经如此成功，亚马逊也没有放慢持续拓展的脚步。比如，除了面向销售者的零售平台，亚马逊还搭建了面向企业商户的 **B2B 销售平台**，以及面向**二手商品交易**的多个线上平台。

在**金融服务**领域，支付无疑是当仁不让的领域。亚马逊不仅推出了自己的支付服务 Amazon Pay，还在印度收购了一家当地支付平台 Tapzo 公司。此外，亚马逊还以定向邀请的方式，通过亚马逊小贷服务 Amazon Lending 向中小企业提供贷款。

在**本地服务**领域，亚马逊搭建了亚马逊家庭服务平台 Amazon Home Services，方便房主找维修、保洁等专业人士。要知道，在美国，这类专业人士是很多房主很大的痛点，不仅贵而且不好找。

除了家庭需要这种专业服务，其实企业也需要。为了满足企业的这种需求，亚马逊创建了面向企业的工作外包服务平台 Amazon Mechanical Turkey。

在**智能硬件**方面，大家都知道亚马逊的 Kindle 电子阅读器，以及之后推出的 Echo 智能音箱等消费电子产品。其实亚马逊在机器人等"黑科技"领域，也有很多涉猎。亚马逊收购了

Kiva Systems 公司[一]，并将其研究成果用在了自己的履约物流网络之中，光目前在职的分拣机器人就多达 10 万多个。

2017 年，人们惊异地发现，亚马逊竟然出现在奥斯卡颁奖典礼上，并一举拿下了最佳男主角、最佳原创剧本、最佳外语片三项大奖。原来亚马逊早已成立亚马逊影视公司 Amazon Studios，并已在**游戏、影视、娱乐**等诸多领域布局发力。

左图：电影《海边的曼彻斯特》，获得 2017 年奥斯卡最佳男主角及最佳原创剧本奖。

右图：电影《推销员》，获得 2017 年奥斯卡最佳外语片奖。

㊀ Kiva Systems 公司是一家专注研究仓储机器人及解决方案的公司，2012 年被亚马逊以 7.75 亿美元收购。

除此之外，亚马逊还进入了**医疗领域**。2018 年初，亚马逊与摩根大通以及巴菲特旗下的伯克希尔 – 哈撒韦公司㊀成立了一家合资医疗保险公司，非常低调，非常隐秘，至今连公司名称都未确定。

2018 年 6 月，亚马逊斥资 10 亿美元，收购了美国的一家在线药房——PillPack 公司。PillPack 是一家创业公司，能帮助解决客户亲自跑药房、在无尽等待中取药的烦恼（这在美国也是巨大的痛点）。他们会根据医生开的处方，把药取好装好，为客户送到家里。

虽然亚马逊目前还没有宣布在医疗领域的明确战略方向，但亚马逊的进场，已经令整个美国医药行业高度紧张了。

这就是亚马逊的业务模式：

永远聚焦核心（客户），永远拓展边界（业务）

㊀ 伯克希尔 – 哈撒韦（Berkshire Hathaway）是由股神沃伦·巴菲特掌舵的全球规模最大的多元化集团企业之一。其前身是一家经营不善的纺织厂，1965 年巴菲特接管后，通过对保险和其他行业的企业的一系列收购，包括对可口可乐、美国运通、富国银行等公司的经典投资之后，将伯克希尔 – 哈撒韦变成了历史上最成功的投资机构之一。

模式演进的底层逻辑，是什么

亚马逊过去 25 年的发展，的确超出了很多人的想象，甚至巴菲特都惊呼，说亚马逊是一个**"奇迹"**。

那么，亚马逊业务模式的不断演进、业务范围的持续拓展，是碰运气，还是跟风口（什么火就干什么），抑或是有什么深刻的底层逻辑呢？

亚马逊的所有业务拓展，都是围绕客户展开的。亚马逊通过充分应用数字技术，大力投资建设数字时代的基础设施及平台生态，精心选择市场规模潜力巨大且客户体验亟待提升或重塑的领域，与合作伙伴一起，为客户创造端到端的、个性化的、优势显著乃至前所未有的极致体验，在持续让客户满意、不断给客户惊喜的过程中，不断建立并强化与客户的长期信任关系。

亚马逊始终坚持的底层逻辑，概括而言，就是四个关键词：痴迷客户、为客户创造、长线思维、投资未来。

痴迷客户

几乎每次演讲，每次接受采访，只要谈到亚马逊，贝佐斯就会强调"痴迷客户"[一]。

在1997年第一封致股东的信中,贝佐斯清晰地列出了亚马逊将长期坚持的9条决策及管理方法。其中第一条就是,我们会继续坚持痴迷客户。在亚马逊14条领导力原则中,痴迷客户也意料之中地位列第一。

如此看来,你就会更加理解亚马逊为自己制定的使命和愿景。亚马逊的公司使命是,我们致力于为客户提供更低的价格、更优的选择以及更便捷的服务。[二]公司愿景是,**成为地球上最以客户为中心的企业。**[三]

在贝佐斯看来,**客户是亚马逊最宝贵的资产**,客户是亚马逊增长飞轮的核心。第三方卖家为什么要来亚马逊的平台?因为这里有数亿客户。亚马逊为什么能够持续不断地开拓新的品类、新的领域?因为客户信任亚马逊,因为客户还有未被很好地满足的需求。**平台的核心价值就在于客户:**客户的数量、客户的活跃度、客户的黏性,以及客户持续带来的价值。

[一] 贝佐斯的原文表达为"customer obsession"。
[二] 亚马逊的原文表达为"We strive to offer our customers the lowest possible prices, the best available selection, and the utmost convenience"。
[三] 亚马逊的原文表达为"To be Earth's most customer-centric company"。

很多企业在创业之初非常重视聚焦客户，但时间一长，规模一大，似乎就有点儿顾不上了。上至创始人自己，下至各级管理人员，离客户的距离似乎越来越远，在客户身上花的心思越来越少，对客户动向的敏锐度也越来越低。

贝佐斯对此高度警惕，他经常提醒大家，**对客户，要永远保持敬畏**。他曾这样写道：

> "我们绝不能骄傲自满，放松懈怠。我总是提醒大家，每天早起都应当充满危机感。这种危机感不是来自对手，而是来自客户。客户是我们的衣食父母，客户成就了我们的业务发展，我们要对客户负责，要对客户永远保持敬畏。很多人谈客户忠诚，其实只要其他地方有更好的选择，客户就会立马转身而去。"

客户给企业的信任，不是应该的，更不是永恒的。客户信任，需经过天长日久的努力与考验才能赢得，然而一两次的疏忽大意就会断送，之后再想恢复就难了。

因此，**亚马逊的定价原则，从来不追求企业自身短期利润的最大化，而是追求赢得并强化客户对亚马逊的信任。**

正是凭借天长日久的不懈努力，在 2018 年全球最具影响力品牌评选中，亚马逊一举击败谷歌与苹果，力拔头筹。

为客户创造

贝佐斯为什么这么热爱客户，这么痴迷客户呢？

除了上面谈到的原因，还有一条：就是客户的永不满足。他曾写道："我如此热爱客户，其中一个原因就是**客户神圣的永不满足**。他们的期望从来都不是静止的，而是持续提升的。人皆如此，人性使然。"

那么，如何才能始终让客户满意，不断给客户惊喜呢？贝佐斯认为，只有持续创新创造。从这个意义上讲，客户神圣的永不满足，恰恰成为亚马逊永不熄火的创新引擎的持续动力。

很多企业也强调创新，但这么做的主要动力，源于竞争压力或业绩压力。而且所谓的创新，多数是微不足道的升级改进，加个功能，换个包装，降点儿成本，如此而已，很少有颠覆式、革命性、让人眼前一亮的惊叹与惊喜。

客户总是期待更好

- 更优的选择

- 更低的价格

- 更便捷的服务

对客户

- 要永远保持敬畏

- 要为客户发明创造

亚马逊追求的是为客户发明创造

亚马逊会精心选择市场规模潜力巨大且客户体验亟待提升或重塑的领域，会为客户大胆设计端到端的、个性化的、优势显著乃至前所未有的极致体验，持续为客户创造惊喜。

举例而言，Kindle 电子阅读器的设计初衷，从一开始就不是模仿读纸质书的体验，而是为客户发明纸质书不具备的全新功能，**为客户创造与读纸质书完全不同的全新体验。**

比如，通过 Kindle，客户可以拥有多达数百万种书的海量选择，可以根据自己的喜好快速搜索，可以在 60 秒内完成下载，还可以在阅读过程中画重点、记笔记。请放心，这些重点、笔记是不会丢的，会自动存在云端，方便日后反复回看。

再如，之前亚马逊没有云服务，没有智能音箱，是亚马逊为客户发明创造了全新的产品与服务。在这两个领域，亚马逊都是开山鼻祖、一马当先，连谷歌都得跟在它后面。这就是为客户发明创造。

长线思维

1997 年，贝佐斯在第一封致股东的信中就开宗明义地写道：**一切都要看长远**[○]。衡量亚马逊成功与否的根本标准，是能否**为股东创造长期价值**。因此亚马逊在决策时，会优先考虑是否有利于公司建立并保持长期的市场领导地位，而不是短期盈利或短期股价表现。

为什么坚持长线思维对亚马逊这么重要？很多人分析过，总结出了很多原因。我们认为，最根本的原因是其业务模式。亚马逊打造的是平台，构建的是生态，提供的是基础设施服务，这些都是需要巨大的持续投入，固定成本极高，但边际成本极低的业务。

这意味着，如果看短期，无论是季度、年度，还是2～3年的时间维度，前期投资如此巨大，且需要持续追加投入的平台、生态及基础设施建设，其回报肯定是不好的，别说盈利了，恐怕回本都难。但只要把时间轴拉长，放到7～10年的时间维度，这样的投资不仅长期回报巨大，而且能强有力地推动增长飞轮，能把企业带入指数增长的轨道，势不可当，急速向前。

你看，**只要放眼长远，结论完全不同。**

既然投入如此巨大，那么怎么做才能更好地提高投资回

○ 贝佐斯的原文表达为"It's all about the long term"。

报呢？关键在于两点：**规模与速度**。

先来看规模。既然是固定成本极高、边际成本极低的生意，如果规模变大，固定成本能够在更大规模上得以摊薄，就能降低单位成本。这种规模效应，简单直白，大家都懂。

贝佐斯看到的是深层面的规模效应。他认为，在更大的业务规模基础上，无论是发展新业务，还是创造新体验，抑或是持续提升效率，都有更大的成功概率。这种规模效应有点深刻，需要停下想想：**为什么"大"本身就是极大的优势呢？**

这就是数字时代的特点，业务规模越大，服务的客户越多，积累的数据就越多；通过快速打造数据智能，充分借助大数据分析、机器学习及人工智能等数字技术，就能更精准地洞察客户，发掘未被满足的需求，发现潜在的业务机会，持续提升优化算法，不断提升运营效率与能力。这就是大的优势，而且还会持续放大，自我强化。

再来看速度。数字时代是拼速度的时代，常常让人感觉已经在全力奔跑了，但一看结果，才发现只是停在原地而已。不是自己不努力，而是大家都在舍命狂奔。

为什么突然之间，这世界就全面提速了呢？因为数字时代，让这种提速变成了可能。无论是技术、资金还是人才，都不再是大公司的专利。

创新企业，面对巨头，如何杀出一条血路？就得靠速度。在还没被全面扼杀前，做到足够大。**天下武功，唯快不破**。

从趣头条到拼多多，再到瑞幸咖啡，从成立到上市所用的时间不断刷新纪录。趣头条用了39个月，拼多多用了22个月，而瑞幸咖啡只用了19个月。

从成立到750亿美元的估值，字节跳动，即大家熟悉的今日头条和抖音的母公司，只用了7年。以这个估值来看，字节跳动已远超小米（279亿美元，即2182亿港币）、百度（387亿美元）、京东（450亿美元）、美团（523亿美元，即4090亿港币）㊀。

早在20多年前，贝佐斯就对速度有了深刻的认知与理解。在致股东的信中，他多次提到了"速度"㊁。他说亚马逊在制定发展目标时，会始终把快速增长放在首位，而且除了**在业务规模上要快速上量，在数据积累、数字技术等核心能力方面，也需要快速提升迭代**，这样才能形成有效的竞争优势，构筑真正坚固的壁垒。

㊀ 根据2019年9月16日收盘价及当日汇率得出。
㊁ 贝佐斯的原文表达为"velocity"。

投资未来

过去很多年,当亚马逊长期徘徊在盈亏平衡的边缘,公司股价却一路飞涨时,很多人都很困惑。不少人觉得亚马逊其实不赚钱,资本的追捧过了头。

亚马逊:2010~2018年收入、毛利、净利润、经营性现金流净额

(单位:亿美元)

资料来源:亚马逊年报。

从图中我们可以看出,**亚马逊不是不赚钱,而是非常赚钱**。如果看毛利,在收入快速增长以及毛利率不断提升的双重推动下,公司每年可支配的现金流是巨大的。2018年,亚马逊的总收入为2329亿美元,毛利率为40.2%,因此毛利总额近937亿美元,是2011年毛利总额的8.7倍,折合人民币

高达 6465.3 亿元。如果看经营性现金流净额，2018 年为 307 亿美元，折合人民币高达 2118.3 亿元。

然而奇怪的是，亚马逊的净利润率却极低。2011～2018 年的净利润率，平均下来仅为 1.2%；要是不含净利润率提升巨大的 2018 年（4.3%），2011～2017 年的净利润率，平均下来仅为 0.8%。

既然盈利水平这么高，毛利总额这么高，经营性现金流这么健康，那为什么亚马逊的净利润率还这么低呢？这是亚马逊经过深思熟虑后的战略选择：

把资金投入未来发展，而不是留在账面上，作为当期盈利

亚马逊很多面向未来的投资，比如平台建设、系统升级、算法迭代、技术研发及产品服务创新等，是无法像传统企业投资厂房设备之类的固定资产那样，分 5 年、10 年或 15～20 年进行折旧摊销的，只能记为当期费用。

2018 年，仅研发费用一项，亚马逊就投入了 288 亿美元，折合人民币近 2000 亿元，超过了谷歌、三星、微软、苹果和英特尔。值得国人骄傲的是，华为以 153 亿美元的研发投入，位居全球第四。

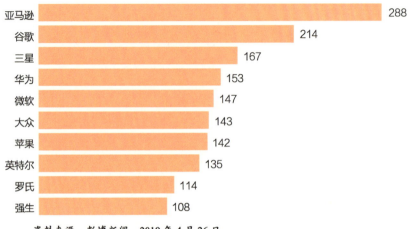

资料来源：彭博新闻，2019 年 4 月 26 日。

2011～2017 年，亚马逊在全球履约物流网络、云服务数据中心等基础设施建设方面进行了长期持续的大力投入，投资总额高达 1500 亿美元，折合人民币超过万亿元。

对于亚马逊，**如果真的坚持着眼长远，大力投资未来，必然会损害当期盈利**。为此，贝佐斯早在 1997 年第一封致股东的信里，就特别郑重地写明了立场：如果必须在当期盈利（体现在企业财务报表中）和长期价值（体现在企业未来现金流折现值中）之间做出取舍，**我们会继续坚持选择长期价值，即现金流**。

从上面的分析可以看出，在貌似纷繁复杂、几乎包罗万象的亚马逊业务版图之下，有着清晰的底层逻辑。无论用什

一切都要看长远

- 投资未来,比当期盈利,更重要

- 现金流,比净利润,更重要

么模式、做什么业务，亚马逊都始终坚持以下四条：痴迷客户、为客户创造、长线思维、投资未来。

尤其难能可贵的是，亚马逊长期不懈的坚持。25年创业艰辛，其间亚马逊经过很多风风雨雨，在2000年互联泡沫破碎时，公司股价也曾从每股106美元[1]，一路急速下跌至不到6美元[2]。即便在生存最困难的时候，亚马逊也没有放弃初心。

正是因为这样的坚持，亚马逊才缔造了属于它的"奇迹"。对于亚马逊来说，未来发展的想象空间还很大。

亚马逊业务模式的成功，靠什么

构想如此精妙的业务模式，当然非常不易，但也只是万里长征的第一步。如何从想出来，到做出来，再到持续提升迭代，才是真正的挑战。

谁不想有增长飞轮，谁不想要飞速发展，但为什么做不出来？90%以上的创业企业，大都没有成功就已成仁了。剩下的幸运儿中，还有不少是一举成功但后续乏力的，他们也想创新，也想突破，但就是屡试屡败，似乎陷入了魔咒。

---

[1] 1999年12月10日收盘价，CapitalIQ。
[2] 2001年9月28日收盘价，CapitalIQ。

在这方面,亚马逊绝对是个另类,它不仅实现了最早构想的增长飞轮,而且在此基础上完成了一次又一次的创新与颠覆,实现了一次又一次的突破与成长。亚马逊究竟有什么神奇之处,为什么能够永葆创业激情,永葆组织活力?

※ ※ ※

业务模式不是孤立的存在。企业要想基业长青,不仅要有好的业务模式,还要有正确的人、强大的数据支撑、永不熄火的创新引擎、既快又好的决策机制,以及强有力的组织文化。

在诸多成功要素中,人是根本,因为战略都是人想出来的,业绩都是人做出来的。亚马逊是如何识人招人,把人用好留住的呢?亚马逊在人才体系建设方面,有什么独到之处呢?

下面就让我们一起来看**模块 2,人才招募:极高标准,持续提升**。

模块 2

人才招募：极高标准，持续提升

· 亚马逊管理体系 ·

亚马逊始终坚持对人才招募的极高标准，通过严谨的招聘流程、精心设计的自我选择机制、独具特色的用人留人方法，打造自我强化的人才体系，持续提升组织整体的人才水平。

如何定义正确的人

实干家：既有创新，又能实干

主人翁：着眼长远，极有担当

内心强大：特能扛事，特能抗压

如何招到正确的人

谁做表率：贝佐斯自己用的是什么方法

谁来把关：如何坚持对人的极高标准

招聘流程：如何提升组织的选人能力

自我选择：如何让错误的人自我觉知

如何把人用好留住

帮助新人加速成长

给予老将全新挑战

如何吸引顶级人才

要想吸引顶级人才，必须一把手或高管亲自出马如果你像贝佐斯一样，看到了巨大的历史机遇，也想到了占据风口的业务模式，于是决定辞职，放弃所有，纵身一跃，投入火热的创业事业中，那么这第一步要从哪里开始呢？

贝佐斯认为，最重要的第一步，就是招人。在辞职前，他专程从纽约飞到加利福尼亚州，跨越美国东西海岸，来到千里之外的硅谷。此行的唯一目的，就是找人，尤其是找顶级的技术人才。

结果还真是不虚此行，贝佐斯找到了谢尔·卡芬（Shel Kaphan）——一位创业老将、技术天才。于是卡芬成了亚马逊的第一位员工，后来还担任了公司的首席技术官（CTO）。

贝佐斯反复强调：在亚马逊，**最重要的决策，就是招人**。他甚至说：

宁可错过（一个完美的人）
也不错招（一个不对的人）

这似乎非常有违常理，因为通常人们最大的担心有两个：一是害怕错过人才，于是会放宽标准，把可能对的人先招进来，用了之后，发现不对，之后再换；二是害怕错过业务机会，业务不等人，既然急于用人，稍差点儿总比没人强，先招个人进来，把事做起来再说，大不了，之后再换。

贝佐斯不这么想。他认为：**人不对，再怎么补救都没用**。

招错人造成的损失，其实远比想象的大得多。首先，这些人虽然在做事，但他们做出来的结果，与亚马逊要求的极致标准往往相距甚远。不仅他们负责的工作本身会受影响，他们的存在还会危害别人，比如他们所在的团队、需要与他们配合的人，甚至整个组织。

其次，俗话说得好，请神容易送神难，请他们离开的过程本身，往往也是极为痛苦且极耗费心力的。只要辞退过人，想必都有体会。最后，从机会成本的角度来看，招错人对业务、对组织的损害也是极大的。

贝佐斯有句名言：**你的人就是你的企业**⊖。用什么样的人，

⊖ 贝佐斯的原文表达为"your people is your company"。

企业就会变成什么样。

在1997年第一封致股东的信中,贝佐斯写了9条亚马逊会长期秉承的基本管理及决策方法(完整内容见附录A),其中最后一条就是关于人才招募的:

"我们深知,**企业成败的关键在于人**,因此在人才招募上,**我们会继续坚持招募有多种能力、才华出众且真正有主人翁精神的优秀人才**;在薪酬结构上,我们会继续坚持侧重股权激励,而非现金薪酬。真正成为公司股东,有利于激发员工的积极性和发自内心的主人翁责任感。"

亚马逊如何确保招对人呢?

如何定义正确的人

根据行业特性、市场动态及企业发展阶段,每家企业对什么才是适合自己的正确的人的定义都或多或少会有差异。无论各自的偏好有什么差别,要保证偌大的组织中大家的标准统一,就必须把具体定义明确地写下来,具体地描述清楚。

亚马逊始终坚持对人才招募的极高标准，他们要的是创新实干、内心强大且极具主人翁精神的人。

实干家：既有创新，又能实干

光有创新，没有实干，创意再好，也不能落地。贝佐斯称这样的人为幻想家㊀，这绝不是亚马逊要的人。

亚马逊要的是**既有创新又能实干，能把梦想变为现实的实干家**㊁。在接受采访时，贝佐斯多次描述过这些人的样貌。在 2018 年致股东的信中，贝佐斯如此写道：

"他们**永远充满好奇，爱探索**。他们喜欢创新，即使是专家，也会保有初学者的'新鲜'心态。他们把我们做事的方式只看作是我们当前做事的方式。他们能帮助我们接近潜力巨大但目前还难以解决的市场机会，并谦虚地相信成功可以通过迭代来实现：**发明，尝试，再发明，再尝试，不行接着再来，继续调整，继续创造，继续努力……一遍又一遍**。他们知道通往成功的道路绝不是笔直的。"

㊀ 贝佐斯的原文表达为"dreamer"。
㊁ 贝佐斯的原文表达为"builder"。

- 你的人就是你的企业

- 人不对，再怎么补救都没用

谁才是正确的人

- 实干家：既有创新，又能实干

- 主人翁：着眼长远，极有担当

- 内心强大：特能扛事，特能抗压

有次接受电视台的采访，主持人谈到贝佐斯爱科幻小说，爱畅想未来。贝佐斯专门澄清说，自己的确爱科幻，爱畅想，但更重视实干；而且在亚马逊，有很多创新实干的人与他们一起工作，他感到特别开心。

贝佐斯在遣词造句方面字斟句酌。咱们不妨好好体会一下他对实干家的描述，并大胆畅想一下：有了这样一群人，让他们聚在一起，相互激发能量，既敢想又能干，遇到多大的困难都能坚持不懈，遇到多大的挫折都能从头再来，那么他们能呈现多大的干劲，能创造出多大的成就啊！

主人翁：着眼长远，极有担当

我们都知道亚马逊特别强调痴迷客户，特别崇尚长期主义。其实主人翁精神，也是贝佐斯特别看重的品质。**只有心中有主人翁责任感，才可能真正做到从长远考虑问题。**

在亚马逊的14条领导力原则中，第一条是痴迷客户，紧随其后的第二条就是主人翁精神，即领导者是主人翁。亚马逊的领导者会从长远考虑，不会为了短期业绩而牺牲长期价值。他们不仅代表自己的团队，而且代表整个公司行事。**他们绝不会说"那不是我的工作"。**

怎样用大家一听就懂的简单例子，说明什么叫主人翁呢？贝佐斯在致股东的信中，举了一个生活中的小例子：

> "我认识一对夫妇，他们把自己的房子租了出去。后来他们发现，过圣诞节时，租户一家没买圣诞树的底座，竟然直接把圣诞树钉在了地板上。虽然只有素质极低的租户才会这么干，但我敢说，如果这是他们自己的房子，他们绝不会这么短视，绝不会干出这种事。"

令人遗憾的是，不少企业高管的所作所为，更像租户而不是房主。他们关心的只是自己个人的当下利益，而不是公司整体的长远利益。比如，他们是绝不会做以下这些事的：

- **选贤育能，招募培养最优秀的人。**

    为什么要招这么优秀的人呢？手下太厉害，早晚是威胁。万一哪天被领导发现，肯定会影响自己的地位。这样的人根本就不该招，更别说培养了。

- **勤俭节约，尽可能少投入多产出。**

    为什么要费心费力地严控费用呢？反正又不是自己的钱。钱摆在那里，就算自己不花，别人也会花。预算多了，大家花着都高兴，干吗那么抠门，非得那么较劲呢？

- **刨根问底，随时掌控细节，经常进行审核。**

    深入各个环节，探究各个细节，多辛苦啊！只要我管的这些环节不出事，天塌下来也自然有人扛，何必活得那么累呢？此外，发现问题，不还得自己解决吗？多一事不如少一事。

- **敢于谏言，不会为了保持一团和气而屈就妥协。**

    就算领导的决策真的有偏颇，也不需要自己出头啊。就算没人出头，既然领导要做，那就让领导做吧，反正出了问题，也是领导担着。更何况以后结果如何，谁又能说得准，干吗非要现在说这些让领导糟心的话，让自己被领导记恨呢？

从租户的角度看，这么想都非常合情合理。其实这些事就是在考验一个人在工作中**究竟把自己当成租户，还是主人；究竟有没有把企业的事，当自己的事。**

要知道，上述这四条全都来自亚马逊领导力原则[⊖]，都是亚马逊对各级领导者的基本要求。如果不是真有主人翁责任

⊖ 分别是第 6 条选贤育能，第 10 条勤俭节约，第 12 条刨根问底，第 13 条敢于谏言、服从大局。上面只是节选，完整版请参见本书附录 B。

感，肯定做不到这些基本要求的。

如果你也动过上面每条中的小心思，那么不妨问问自己：到底是租户，还是主人？

内心强大：特能扛事，特能抗压

尽管贝佐斯从没有专门提过这点，但**要想在亚马逊生存发展，有玻璃心的同学还是趁早别进**，因为这里的确不适合。

凡是创新实干、主人翁责任感特别强的人，都会深入各个环节，仔细探究各个细节，会无止境地精益求精。如果没有强大的内心，你会觉得他们的各种问题，是在质疑你；他们的各种要求，是在刁难你；他们所谓的精益求精，就是摆明了跟你过不去。一来二去，玻璃心岂不碎了一地？

其实，他们还真没把心思花在你身上，因为他们几乎全部的心思都在想怎样把事做好，怎么才能做到极致。

在创新发明的过程中，在追求极致的过程中，肯定会遇到很多困难。**只有内心强大的人，才能迎难而上**，主动选择难以解决的问题（用贝佐斯的话来说，是机会），**才能百折不挠，一遍又一遍地去尝试、去调整，失败了再来，直到成功为止**。

亚马逊前高管约翰·罗斯曼总结得好，如果你想在亚马逊有发展，必须做到：

- 同样的错误，不能再犯。
- 不怕变化，不固守过往。
- 面对风险，不能畏首畏尾。
- 遭遇失败，不能轻易放弃。
- 做些努力，别奢望立刻有收获。
- 既不要自怜自哀，也不用讨好别人。
- 别感觉全世界都欠你的，都得哄你高兴。
- 不要把时间和精力浪费在自己控制不了的事上。

在亚马逊，最能取得成功的是那些**特能扛事，特能抗压**，即便偶有失手，即便因此被骂惨，也仍然矢志不渝、接着埋头努力的人。

贝佐斯自己就是内心十分强大的人。2014年决定自行开发Kindle电子阅读器时，2015年决定推出Prime会员服务时，面对几乎来自所有人的强烈反对，他仍然坚定不移，仍然果敢决策。回到创业之初，他见了无数投资人，其中一次会议就召集了 60 多位投资人。他本想筹集 500 万美元，但最后几经周折才融到了最初的 100 万美元投资⊖。

不过相比谷歌的两位创始人，贝佐斯还算是幸运的。据说，拉里·佩奇（Larry Page）和谢尔盖·布林（Sergey Brin）在跟投资人开了 350 次会后，才最终获得投资。起初，他俩还试图把自己的成果卖给雅虎，这样两人还能回去接着读博，结果惨遭拒绝。

如今，搜索领域早已是谷歌的天下，雅虎则只剩下了传说。

如何招到正确的人

定义清楚了什么是正确的人，那么如何系统性地招到这样的人呢？

谁做表率：贝佐斯自己用的是什么方法

贝佐斯对招人始终坚持极高标准，即便是亚马逊还在初创阶段，他也没有因为公司规模还小而降低要求。

⊖ 斯通. 一网打尽 [M]. 李晶, 李静, 译. 北京：中信出版社，2014.

据1999年《连线》杂志报道，亚马逊第5号员工汤姆·施恩霍夫（Tom Schonhoff）说，**贝佐斯在招人方面，"非常非常挑剔"**[①]。那究竟挑剔到什么程度呢？

下面是贝佐斯创业后发布的第一条招聘启事，招的是C/C++/Unix程序员，发布时间为1994年8月21日晚上11点15分。如果细心的话，你会发现那时连公司名字[②]还都不是亚马逊呢。

```
Message from discussion Well-capitalized Seattle start-up seeks Unix
developers
Jeff Bezos   View profile              More options  Aug 21 1994, 11:15 pm
Well-capitalized start-up seeks extremely talented C/C++/Unix
developers to help pioneer commerce on the Internet. You must have
experience designing and building large and complex (yet maintainable)
systems, and you should be able to do so in about one-third the
time that most competent people think possible. You should have a BS, MS,
or PhD in Computer Science or the equivalent. Top-notch
communication
skills are essential. Familiarity with web servers and HTML would be
helpful but is not necessary.

Expect talented, motivated, intense, and interesting co-workers. Must
be willing to relocate to the Seattle area (we will help cover moving
costs).

Your compensation will include meaningful equity ownership.

Send resume and cover letter to Jeff Bezos:
mail:  be...@netcom.com
fax:   206/828-0951
US mail: Cadabra, Inc.
         10704 N.E. 28th St.
         Bellevue, WA  98004

We are an equal opportunity employer.

——————————————————————————————
"It's easier to invent the future than to predict it." — Alan Kay

Reply to author   Forward   Rate this post: ☆☆☆☆☆
```

---

① 引用的英文原文为"very very picky"。
② 那时公司名称为"Cadabra"。

如果我们招程序员，我们会不会要求他们"极具才华""沟通能力超强"？如果能力最强的程序员认为，完成某项工作预计需要的时间为 X，我们会不会要求他们"只用 1/3 的时间"就把这项工作完成？

估计都不会，要不标准也太高了吧？然而，这就是**贝佐斯的极高标准，他要的是像他一样追求极高标准的人。**

在 1998 年第二封致股东信中，贝佐斯再次谈到人才招募。他说：如果没有非凡的人，在互联网行业肯定做不出什么像样的成绩。要想找到非凡的人，在招人时必须问自己三个问题：

1. 你钦佩这个人吗？
2. 这个人的加入，能提升整体效能吗？
3. 这个人在哪方面有过人之处，取得过哪些非凡成就？

前两条的要求就已然非常高了（想想能让贝佐斯钦佩的人得达到什么段位），为什么还要加上第三条？因为：

但凡在某个方面取得过非凡成就的人，肯定对自己有过极高的要求，对极致有过不懈的追求，而且肯定克服过常人难以克服的困难

即便是做程序员，也要做到非凡。成为能力最强的，绝不是他们的目标。他们的目标是要比能力最强的人还牛，而且还要高出至少一个数量级。这才是他们追求的境界，这才是贝佐斯要的人。

亚马逊早期招的每位员工，贝佐斯都会亲自面试。见完之后，他还会拉着所有面试过该候选人的同事开会讨论，**细致"拷问"每位面试官**观察、评价、判断及背后的依据是什么。大家讨论时，他还会在白板上用非常详细的图表**深入分析每位候选人**。只要发现大家心中还有些许疑虑，贝佐斯就会果断拒绝。

贝佐斯不仅始终坚持招人要有极高标准，而且还强调**招人标准应当持续提高**。他常说，每位新人的加入，都要能够提高组织的整体效能。所谓水涨船高，标准高了，新人水平才会高；加入的新人水平高了，组织整体的人才水平才能更高。

谁来把关：如何坚持对人的极高标准

随着公司规模的快速扩大，贝佐斯显然无法亲自面试每位新人。那么怎么才能坚持极高标准，才能持续提高标准，真正把好招人这道关呢？

亚马逊的方法非常别具一格，它选拔了一批"**把关人**"^㊀。这些把关人，要像贝佐斯当年那样，不仅面试候选人，面试后还要带领每位面试官深入讨论、细致分析，做出正确的决策。

如何选拔把关人呢？三条标准：第一，在识人方面眼光敏锐，的确有过人之处；第二，不会因为业务压力而降低标准，相反还会持续提升标准；第三，也是最重要的一条，就是他们自己就是内心强大、极具主人翁精神的实干家，真正坚信并亲身践行亚马逊的组织文化及领导力原则。

在亚马逊，能被选为把关人，毋庸置疑，是莫大的光荣。在每位候选人的面试过程中，都会有一位把关人参加。为了保证独立性，把业务影响降到最低，把关人通常会来自其他部门。

把关人的职责是什么呢？把关人要做的三项工作如下：

一是，**面试**。把关人在面试过程中，应根据亚马逊的领导力原则，评估、判断此人是否适合亚马逊，在公司是否有长远的发展前途，是否能帮助提升组织整体效能。

㊀ 亚马逊的原文表达为"bar raiser"。

二是，**决策**。把关人在所有面试结束后，要像贝佐斯当年那样，与每一位面试官进行深入细致的沟通探讨，听听他们的观察、评价与判断，看看他们对此人有什么疑虑，然后在综合所有人意见的基础上，做出招还是不招的决策。

三是，**反馈指导**。招人决策做完，把关人的工作还没有结束。他们还必须对每位面试官提出反馈意见与建议指导，帮助他们持续提高招人水平。而且这样的反馈指导，还得是书面的。

由此可见，把关人不仅责任重大，而且工作量也相当大。

招聘流程：如何提升组织的选人能力

鉴于亚马逊把招人当作最重要的决策，当面试官可不是什么轻松的活，工作量也相当大。

面试前，面试官要看之前的面试官的面试记录，参考他们的各种发现及具体评价，以调整自己的面试问题及侧重点。

面试中，面试官要详细记录候选人的回答，以备之后自己进行评价、判断，以及后续把关人对自己的拷问。

面试后，面试官先要尽快把自己的观察、评价及判断

（招还是拒，只能二选一）录入系统，供下一位面试官在面试前参考。

然后，面试官还要接受把关人深入细致的拷问：面试时问了哪些问题？为什么问这些问题？候选人是如何回答的？你的评价与判断是如何形成的？把关人的拷问特别深入，特别细致，而且都会记录下来。

最后，如果大家意见不统一，或把关人认为有必要召集所有面试官一起讨论，面试官还得参加集体研讨，而且必须参加。

经历了这些辛苦，也不一定都能有收获。哪怕是业务需要已经火烧眉毛，但只要把关人认为不行，也不能招，谁让**把关人有一票否决权**呢。

做完招聘决策，发了工作邀请，人来了，也入职了，招聘工作是不是总算完成了呢？在很多公司的确如此，而且从组织分工的角度看，人来之前是招聘部门的事，入职之后就是绩效考核部门的事了。

但在亚马逊不是这样，新人的表现及他们之后的发展都会记录在册。这样做的目的不光是考核新人，也是考察所有参与招聘过程的面试官的识人眼光是否敏锐，面试问题是否切中要害，亮点挖掘是否有伯乐之风，隐患洞察是否足够犀利精准，以及在招聘过程中大家有哪些疏漏、偏差，或得到哪些经验、教训。

由此可见，亚马逊的招聘流程，能够**极大地促进组织招聘能力的持续提升**。每面试一位候选人，每入职一位新人，都是亚马逊训练组织招聘能力的机会。每位面试官对每次面试过程的详细记录，以及对每位候选人的书面评价与判断；每位把关人对每位面试官的细致拷问，以及之后的书面反馈与指导；系统对每位入职新人的后续跟踪，对每位面试官、每位把关人的持续复盘，都是高效提升组织能力的有力手段。

这样的招聘流程及系统建设，**无疑需要巨大的投入，不光是资金资源的投入，更重要的是人的时间和精力的投入**。能做面试官，尤其是能做把关人的，肯定个个都是业务上的精兵强将，都是亚马逊最精锐的核心部队。让他们花这么多时间在招聘上，会不会耽误做业务，是不是值得呢？

如果你这样问贝佐斯，他会斩钉截铁地告诉你：值得，而且非常值得。因为贝佐斯始终坚信，你的人就是你的企业；人不对，什么都无从谈起。

自我选择：如何让错误的人自我觉知

在亚马逊看来，求职者也是客户。亚马逊对客户的痴迷，也惠及了求职者。为了创造良好的应聘体验，亚马逊在官网上公开分享成功面试亚马逊的重要建议。

建议1：领导力原则。 亚马逊非常强调组织文化、价值观，因此准备面试的最佳方法就是认真研读领导力原则的要求，想想自己的哪些经历能很好地体现这些原则。面试时，最好能举出实例，讲讲当时是什么情况，自己的任务是什么，自己具体做了什么，以及最后的结果如何。

建议2：失败的经历。 为什么亚马逊这么看重失败的经历呢？因为亚马逊相信，创新与失败是密不可分的。既然要创新，要发明创造，就一定会经历失败。失败之后，是否还能坚持不懈，重新再来，屡败屡战，是非常重要的品质。面试时，求职者最好能举出失败的实例，讲讲遇到过什么样的失败，犯过什么样的错误，从中学到了什么，获得了哪些成长。

建议3：写作能力。 对于某些岗位，亚马逊会要求应聘者按要求写篇短文，看看写作能力如何。为什么亚马逊这么看重写作能力呢？因为亚马逊不用PPT[○]，不允许光写要点，要求用完整的句子写叙述文，细致深入地阐述自己的观点。

这些建议对求职者的确非常有帮助，但亚马逊这么做，可不光是为了助人，更是为了利己。因为求职者通过这些建议，能够更好地了解亚马逊；有了基本的了解，他们会不自觉地认真思考，**自己究竟适不适合亚马逊**。

比如，对亚马逊领导力原则中的种种要求，自己怎么看？是认为本该如此，还是认为有些过分，甚至有些不近人情？比如，对失败的经历，自己到底怎么想？是真心喜欢做发明创造，对过程中的失败早就习以为常，还是更喜欢把握性更强、确定性更高的工作？又如，对写作，自己究竟有没有兴趣，有没有能力？

求职者若能进行这样的思考，对亚马逊而言非常重要。这就是**自我选择**的开始，让那些经过了解，经过思考，知道自己并不适合亚马逊的人，自觉选择不来申请。

亚马逊的薪酬结构及福利待遇，也体现了自我选择机制的深刻用意。

相比其他互联网巨头，亚马逊在福利待遇方面可谓极其

○ 欲知亚马逊为何如此，请参考模块5决策机制。

抠门，比起谷歌的各种免费福利实在是差远了。在亚马逊，甚至开车上班，把车停在公司车库，都得自己掏点钱。要知道，勤俭节约是亚马逊领导力原则之一。

不仅如此，亚马逊的工资水平还相当低。2012年，贝佐斯在接受采访时，坦然承认说："相比绝大多数公司，我们的**现金薪酬，确实非常低**。"

贝佐斯说的非常低究竟多低？

查看亚马逊2018年年报，你会看到贝佐斯的全年工资，只有81 840美元。对，你没看错，就是8万多美元，折合人民币不到60万元。

在年报披露的高管年度工资中，亚马逊全球消费业务CEO杰夫·维尔克（Jeff Wilke）以及亚马逊云服务CEO安迪·杰西（Andy Jassy）的年度工资最高，只有17.5万美元，折合人民币120万元左右，且没有奖金。

在亚马逊的薪酬中，占比最大的是股权，但需要分4年才能全部拿到。虽然在谷歌及微软，股权全部到手也需要等4年，但差别在于：谷歌及微软都是每年给25%，而亚马逊第一年只给5%，第二年只给15%，后面两年则是每半年给20%。本来就要等4年，亚马逊还把比例又往后挪了挪。

这么一对比,那些看重短期利益,看重稳定收益,看重当下福利待遇,看重短期现金收益的人,是肯定不会选择加入亚马逊的。

亚马逊要的,就是这个效果,这就是自我选择。

如何把人用好留住

让人觉得奇怪的是,一方面,亚马逊对选人的标准,是如此之高,另一方面,亚马逊给人的薪酬待遇,从短期看,尤其是现金部分,是如此没有竞争力,那亚马逊靠什么吸引人,靠什么留住人呢?

帮助新人加速成长

很多年轻人,尤其是那些有理想、有抱负、想干大事的人,初入职场时,比钱更重要的是学习成长。亚马逊给他们创造了广阔天地,让他们能大有可为,加速成长。

在亚马逊,**新人会惊喜地发现,自己的工作从一开始就很有意思,且很有意义**。比如,一进项目组,新人就会接触到各种牛人，就能参与实际工作，有些事甚至能自己决策。如果项目成功，就有亿万客户能从中受益。

在2014年致股东的信中，贝佐斯充满骄傲地谈起，亚马逊推出了面向会员的一小时到货服务（Prime Now）。能做到一小时到货，已然十分惊艳，但更让人惊叹的是，该服务从创意到上线，仅用了短短的111天。

这一切都是从一个项目小组开始的。在这111天里，他们完成了从仓储选址，到选品建库存、招聘相关人员，再到业务测试调整迭代，最后到编写客户端及配送端App，以及搭建内部管理软件系统的全部工作，并在假日季到来前，成功上线。

如果新人有幸从一开始就加入这个项目组，那这111天跟下来，学习成长之快让人难以想象。不仅自己的专业技能可以急速精进，而且有机会涉猎其他所有相关领域，亲身经历从0到1再到100的创造过程。这就是一次成功的创业。还有什么比这样的实战洗礼更好、更快的锻炼机会呢？

这就是亚马逊的独特魅力。**对于想干大事的年轻人，这是他们梦寐以求的绝佳机会。**

给予老将全新挑战

对于那些既有创意,又能实干,能把梦想变为现实的实干家们,亚马逊总能给他们新的挑战——**那些令别人望而生畏的旷世难题,这是激发他们潜力的最佳方法。**

在1999年加入亚马逊前,杰夫·维尔克就职于联信公司[⊖](Allied Signal),当时已经是公司副总裁,直接向时任联合电子公司CEO、美国商界传奇人物拉里·博西迪[⊜](Larry Bossidy)汇报。

亚马逊并没有给维尔克加官进爵,给的职位还是副总裁。真正吸引维尔克加入的,是一个巨大的挑战:如何为电商业务——一个尚处于萌芽阶段的新兴行业,搭建一个有别于传统模式的全新物流网络。

面对如此巨大的挑战,换了别人或许会被吓到,但却让维尔克为之心动。的确,这样重新定义行业标准的机会,也许一辈子真的只有一次,怎么能错过?

⊖ 联信公司(Allied Signal)是美国一家从事航天、自动化与工程的公司,1985年由联合公司(Allied Corp.)和信号公司(Signal Companies)合并而成,1999年又与多元化科技制造企业霍尼韦尔(Honeywell)合并,新合并公司以霍尼韦尔冠名。

⊜ 拉里·博西迪(Larry Bossidy),1991~1999年为联信公司总裁兼CEO,联信公司与霍尼韦尔合并后出任霍尼韦尔总裁,后兼任CEO。博西迪曾在通用电气工作34年,最高职位为通用电气副董事长。

安迪·杰西是1997年加入亚马逊的，比维尔克还早两年。2013年，安迪·杰西曾问过自己，为什么16年后，自己还没走，还留在亚马逊。他说：

> **"我想不到其他任何地方，比亚马逊更吸引我**……在这里，可以真正着眼长远，不必受制于每季度的业绩压力；在这里，可以真正为客户发明创造，不必遵循传统；在这里，有创意、想干大事的人可以充分施展，不必因为之前没有相关经验而失去开拓创新的机会；在这里，我们这些力求创新，敢想敢干，崇尚行动，言必行、行必果的人，聚到了一起，共同打造我们自己的组织文化……也许这就是为什么16年之后，我还在这里。**亚马逊的确是实干家的梦想乐园。**如果你想深刻地改变世界，没有比这儿更好的地方了。"

时光飞逝，转眼已到2019年。时至今日，这两位还在亚马逊。其实，在亚马逊核心高管即所谓"S团队"的18人中，有一半在亚马逊待了20年或更长的时间，其中包括：

- 杰夫·维尔克（Jeff Wilke），1999年加入，目前担任亚马逊全球消费业务 CEO。

- 安迪·杰西（Andy Jassy），1997 年加入，目前担任亚马逊云服务（AWS）业务 CEO。

- 杰夫·布莱克本（Jeff Blackburn），1998 年加入，目前担任商业和企业发展高级副总裁。

- 大卫·扎珀尔斯基（David Zapolsky），1999 年加入，目前担任总法律顾问兼高级副总裁。

- 拉斯·格兰迪内蒂（Russ Grandinetti），1998 年加入，目前担任国际消费者业务高级副总裁。

- 史蒂夫·卡塞尔（Steve Kessel），1999 年加入，目前担任实体商店业务（包含全食超市、无人零售 Amazon Go 等）高级副总裁。

- 查理·贝尔（Charlie Bell），1998 年加入，目前担任公用计算事业高级副总裁。

- 保罗·科塔斯（Paul Kotas），1999 年加入，目前担任亚马逊广告业务高级副总裁。

- 彼得·德桑蒂斯（Peter DeSantis），1998 年加入，目前担任全球基础设施及客户支持业务高级副总裁。

一家仅有 25 年历史的创业企业，能做到这样，实在非常令人钦佩。

如何吸引顶级人才

能做好以上三条，虽然已经非常不易，但还不够。要想成就非凡伟业，还要吸引顶级人才。

既然是顶级人才，他们大概率不会赋闲在家，更不会主动投递简历。他们往往正在业界领军企业身居要职，就算找猎头问，他们通常也会很礼貌地回绝，说现在各方面都挺好的，真没有换工作的意思。然而不久之后，哪天看新闻，竟惊讶地发现他们的最新动态。不是说真没想换工作吗，怎么又换工作了呢？

要想吸引顶级人才，必须一把手或高管亲自出马。 三顾茅庐的故事，相信大多数人都知道，但很多时候工作一忙起来，就把找人的事给放下了。对于创业公司，这点尤为重要。

1997 年有位高管的加入，对亚马逊后来的发展起到了关键作用。他除了做好首席信息官（CIO）的本职工作，帮助亚马逊全面升级了管理信息系统，打造了数字时代的全新管理模式（下一章你就会看到其强大的威力），还举荐了很多人才，也培养了很多人才，其中就包括前面提到过的安迪·杰西。在 2007 年退休前，这位高管一直是贝佐斯非常倚重的左膀右臂。这位高管就是瑞克·达尔泽尔（Rick Dalzell）。

招募达尔泽尔的工作，是由贝佐斯亲自主导的，与他配合的是当时亚马逊的首席财务官（CFO）乔伊·科维（Joy Covey）⊖。1997 年初，亚马逊正处于被线下连锁书店集体围剿的危急关头，但贝佐斯深深懂得招募人才的重要性，而且在吸引顶级人才方面，创始人必须亲力亲为。

达尔泽尔当过兵，是美国陆军的信号工程师，还曾担任驻扎联邦德国⊜的通信官。退伍之后，他加入了沃尔玛，负责 IT 工作。当时沃尔玛的管理信息系统代表着零售行业的最高水平。

招募达尔泽尔，前后历时半年多，过程可谓颇费周折。

起初，达尔泽尔多次拒绝了贝佐斯和科维。后来，好不容易同意见面，可达尔泽尔的第一次亚马逊之旅，实在是不太愉快。先是，航空公司弄丢了他的行李；之后，他在酒店

⊖ 乔伊·科维（Joy Covey）是亚马逊第一位 CFO，为亚马逊在 1997 年上市立下了汗马功劳，2013 年不幸遭遇车祸去世。

⊜ 1990 年，德意志民主共和国（东德）与联邦德国（西德）统一合并。

前台借了西服和领带，一大早去了亚马逊，结果那里空无一人（当时亚马逊的员工习惯夜战，晚上工作到很晚，早上起得也晚）；最后好不容易等到贝佐斯，结果贝佐斯还把整整一杯咖啡全都洒在了他借来的西服上。

俗话说，好的开始是成功的一半。然而这样的开始，着实让人很郁闷。

但贝佐斯没有放弃，仍继续努力，而且还让科维每隔几周就给达尔泽尔的太太打打电话，聊聊天。不仅如此，贝佐斯还搬出了硅谷传奇投资人且是亚马逊的投资人⊖——约翰·杜尔（John Doerr）来帮忙。

就算这样，达尔泽尔还是不为所动。

实在是没招了，贝佐斯和科维一起专程飞到南部阿肯色州沃尔玛的总部所在地本顿维尔（Bentonville，位于美国南部的阿肯色州北部），就是"为了给达尔泽尔一个惊喜，邀请他共进晚餐"⊜。贝佐斯出了奇兵，果然收获了奇效，达尔泽尔终于同意加盟。

然而，之后达尔泽尔又反悔了，因为举家搬迁，从本顿

⊖ 约翰·杜尔领导的 KPCB（凯鹏华盈基金）于 1996 年向亚马逊投资 800 万美元，当时获得 13% 的股权。
⊜ 斯通. 一网打尽［M］. 李晶，李静，译. 北京：中信出版社，2014.

维尔搬到 3200 多公里之外的西雅图（位于美国西海岸的华盛顿州，紧邻加拿大温哥华）实在太难了。

尽管遭受重大挫折，但贝佐斯还是成功地在达尔泽尔的心中种下了一颗名叫"亚马逊"的种子。天长日久，种子渐渐生根发芽，最后还是在太太的推动下，达尔泽尔最终下定决心，加入亚马逊。

从贝佐斯招募达尔泽尔的经历中，我们可以看到，要想吸引顶级人才，不仅要像贝佐斯一样亲力亲为，还要像他一样，在遇到各种挫折时，锲而不舍、坚韧不拔。千万不要指望能毕其功于一役，要肯花笨功夫，肯花大力气。要相信精诚所至，金石为开。

作为创始人、一把手，把时间和精力花在这方面，是非常值得的。因为说到底，**你的人就是你的企业。人不对，再怎么补救都没用。**

※ ※ ※

亚马逊今天取得的非凡成就，的确令人钦佩。然而这些非凡的成就都不是从天上掉下来的，而是靠人做出来的。

也许更应当钦佩的是，亚马逊对人才工作的高度重视，对极高标准的不懈坚持，对人才招募的巨大投入，以及通过自我选择的机制、严谨的流程及后续的跟踪复盘，不断推动组织整体人才水平和识人用人水平的持续提升。

在亚马逊管理体系的六大模块中，有两大底层支撑：一是人才，二是数据。那么亚马逊的数据支撑有什么独到之处呢？请看**模块 3，数据支撑：聚焦于因，智能管理**。

模块 3

数据支撑:聚焦于因,智能管理

· 亚马逊管理体系 ·

亚马逊致力于打造跨部门、跨层级、端到端的实时数据指标体系,借助数据算法、机器学习、人工智能等数字技术,开发智能管理工具系统,通过严格追踪、考量分析每个影响客户体验及业务运营的原因,快速发现问题、解决问题,甚至自动完成常规决策。

凡事要有数据支撑

亚马逊对数据指标的要求非常严苛,必须做到以下五点:极为细致、极为全面、聚焦于因、实时追踪、核实求证

推动智能运营管理

充分利用数字技术,开发智能管理工具系统,推动常规决策的自动完成,助力各项业务的快速上量

投资巨大,回报更大

这的确是投资巨大的系统性工程。但随着时间的推移、数据的积累、算法的迭代,其能创造的回报也会越来越大

现在你的工作岗位是什么，工作任务有多重，带的团队规模有多大，工作时间有多长，工作压力大不大？

如果让你管亚马逊，让你驾驭这个业务非常多元、体量非常大、地域跨越全球的商业帝国，让你面对资本市场对经营结果负责，你会不会感到压力巨大？

感到压力是正常的。毕竟时至今日，亚马逊全球员工总数已超过60万人，收入规模已超过2500亿美元（约合1.75万亿元人民币）。

估计我们绝大多数人现在带的团队、扛的指标，离亚马逊的规模体量，还有不小的差距。但大家的工作压力已然很大，工作时间已然很长，每天从早到晚，经常身心俱疲。要是肯授权、能带队伍还好，如果凡事看得特别细，那就更加难以为继了。

然而贝佐斯恰恰是**做事非常爱深入细节、遇事非常爱刨根问底**的人。亚马逊的领导力原则之一,就是"刨根问底",即领导者要深入各个环节,随时掌控细节,经常进行审核,当数据与传闻不一致时,持有怀疑态度。领导者是不会遗漏任何工作的。

如此看来,贝佐斯还不得起早贪黑、心力交瘁啊?令人吃惊的是,他完全没有。

贝佐斯几乎不怎么花时间管日常经营,主要都在操心2~3年以后的事。如果老大当甩手掌柜,那高管团队里总得有人挺身而出吧?也没有。贝佐斯要求他们也跟自己一样,**把主要精力投入到2~3年以后的事情上**。

这就奇怪了,这么大的企业,其日常经营管理究竟靠什么呢?

中国人说,没有金刚钻,不揽瓷器活。亚马逊的秘密就在于致力于打造强大的数据指标体系及智能管理工具系统,通过实时追踪、考量分析每个影响客户体验及业务运营的原因,快速发现问题,自动完成常规决策,推动组织管理能力的持续提升。

数字时代,哪家企业没有数据指标体系,没有智能管理工具，没有实时追踪、考量分析，但绝大部分企业家及高管都没有亚马逊这么超然事外。在这方面，亚马逊究竟有什么过人之处呢？

凡事要有数据支撑

在亚马逊，人人都知道的一句名言就是，凡事要有数据支撑。

这种对数据的热爱与执着，与创始人密切相关。对于贝佐斯，这似乎是与生俱来的。他小时候打发无聊时光的方法之一，就是在心中默默计算各种统计数据，从中找出规律，自娱自乐一下。

开会讨论时，如果有人绕来绕去，不敢直面惨淡的现实，不敢回答棘手的问题，贝佐斯会愤然打断说：**别废话，直接说数**。

对于很多在亚马逊工作的人，起床后的第一件事，就是"看数"。系统会自动更新，每天会自动推送相关数据给相关人。随着智能手机的普及，看数时间已前置，成为人睁眼后、起床前的习惯动作。

正如亚马逊对人才有着极为独特的极高标准，亚马逊对数据指标也有着极为独特的严苛要求。

极为细致

有道是魔鬼都在细节里，亚马逊对于细节的追求，实在是令人钦佩。对于很多有幸亲身感受的人，第一感觉往往是"惊叹"：亚马逊对细节的追求竟然如此细致。

试想一下，如果我们负责亚马逊数据中心的选址工作，我们会考虑多少因素？5个、10个，还是20个？电力供应、上网电费、网络传输速度及价格，还有呢？

亚马逊制定的选址标准，多达 **282 个**⊖，包括地震、空气、地形、土地规划条件等因素，而且全部达标才可通过。亚马逊云服务（AWS）在中国的首个数据中心选址为宁夏中卫市。据当时负责与亚马逊谈判的时任中卫市市长万新恒介绍，亚马逊对数据中心的要求极为严格。仅选址，亚马逊就花了将近一年时间。

试想一下，如果我们负责制定公司年度业绩目标，会考虑多少指标？5个、10个，还是20个？收入、利润、现金

⊖ 张珺，宋玮. 亚马逊中国大博弈 [J]. 财经，2016（24）.

流、增长率，还有呢？

亚马逊制定的年度业绩目标，多达好几百个，以 2010 年为例，就有 **452 个**[一]。光有目标还不行，为了确保每个目标的达成，亚马逊还就每个目标明确了责任人、成果要求及完成时间。

再试想一下，如果我们负责亚马逊第三方平台的图书品类业务，每天要看的数据指标有多少？5 个、10 个，还是 20 个？

亚马逊要求的是 **25 页**（对，你没看错，就是 25 页），其中包括以下几项。

- 订单出错率：出现客户差评的订单比例；客户差评形式不限，有投诉、有争议、评价低等，都计算在内。

- 订单退款率：出现客户退款的订单比例；原因不限，只要有退款情况，就都计算在内。

- 订单取消率（送货前）：送货前被取消的订单比例。

- 送货延迟率：送达时间晚于承诺时间的订单比例。

- 人工接触次数：平均每个订单完成过程中，发生人工

[一] 贝佐斯 2010 年致股东的信。

接触的总次数。

- 页面下载速度：点击页面链接后，新页面全部呈现所需要的时间。

- 客户搜索排名：排名类别繁多，如按关键词、按作者、按出版社、按第三方卖家等。

- 畅销产品排名：排名类别繁多，如按关键词、按作者、按出版社、按第三方卖家等。

如此详尽细致的指标，一个又一个，一页又一页，一共25页，每天看。这会是什么感觉？你别嫌多，要知道原来有70多页。

如果这些数据指标还不够，欢迎登录系统后台，那里有无穷无尽的各种数据指标，肯定能帮你深入细节，刨根问底。

极为全面

在很多企业，内部信息流动是不畅的，往往是条块割据、层级不通，除了具体负责此事的人知道，其他人能否了解，主要得看关系、看利益。

比如，销售部门了解销售情况，营销部门了解营销预算，生产部门了解订单下达，财务部门了解公司总体的库存周转、利润水平及现金流状况。然而，如果需要把散落在各部门、各层级的数据信息串在一起，具体分析某个品类或某个单品利润水平如何，是否真正赚钱，是否真能创造现金流，很多企业就一筹莫展了。

在不少企业中，跨部门的信息流动不仅难度大，而且难得有理有据。比如，要防范泄密（万一有人向对手通风报信呢），要警惕员工（万一这人已心生去意，想临走前多获取些重要资料呢），要领导审批（万一出了问题，谁负责任呢），等等。有时，即便最后还是给了某些内部信息，但过程中的种种规定和要求、种种不情不愿，也明里暗里告诉你，应该是没有下次了。

为什么会这样？因为**信息就是权力基础**。别人的"无知"，以及这种无知造成的"无能"（实在难有作为），恰恰是巩固自己地位的法宝。

正是因为存在这样的问题，很多传统企业在启动数字化转型时，往往会把数据打通、信息透明作为首批重点工作之一。有位董事长就曾在集团数字化工作专题研讨会上，明确要求各级领导：从今往后，要严厉杜绝"黑盒子"。什么事都掖着藏着，怎么行？我们就是要通过数据平台，把他们的盖子掀开，让那些怕被别人看的，好好晒晒太阳。

正如前文所述，数字时代，**数据已成为企业新的核心资产**。从这个意义上说，我们应当把数据视为企业整体的重要资源，而绝非任何人或任何部门的私人财产。

在亚马逊，各业务团队要对端到端的客户体验负责，对端到端的经营业绩负责。这些团队怎么才能成功？除了要有精兵强将，还必须得有数据支撑，让他们能看到**端到端的全面经营状况**。否则就像夜战少了夜视镜，实在是寸步难行，只能坐以待毙。

由此可见，数据打通、信息透明、极为全面的数据支撑，是确保组织高效运转、落实责任到人的重要且必要的基础。

聚焦于因

聚焦于因也许是亚马逊数据指标体系最独特的地方。

很多公司定目标时，都会聚焦于收入、净利、增长率、利润率等关键业绩指标。但以 2010 年为例，在亚马逊提出的 452 个年度业绩指标中，"收入"一词仅出现了 8 次，"自由现金流"仅出现了 4 次；至于净利、毛利、营业利润、各项利润率等指标，则完全没有被提及○。

这是为什么呢？因为在贝佐斯看来，无论是收入、利润还是现金流，都只是结果，不是原因。

正所谓凡人畏果，菩萨畏因。

想要好的结果，只看结果没有用，只有追到每个因，解决好每个因的问题，最后的结果才可能好

这些极为细致、极为全面的数据指标背后，体现的是亚马逊对业务本质逻辑的深刻洞见。

比如，**页面下载速度**，指的是点击页面链接后，新页面全部呈现所需要的时间。在不少公司，其实只要速度别太慢，别让客户忍无可忍而愤然退出，客户通常对此不会特别在意。

但亚马逊不仅为此设定了专门的考量指标，还进行了深入的研究。他们发现，页面下载速度每慢 0.1～1 秒，客户活跃度就会下降 1%。千万别小看这 1%，对于年交易额高达千亿甚至万亿美元的电商平台，1% 的活跃度的下降，意味着多

○ 贝佐斯 2010 年致股东的信。

大规模收入的损失。

再如，**人工接触次数**，指的是平均每个订单完成过程中发生人工接触的总次数。无论是线上咨询，还是电话查询，或是投诉处理，总之只要发生人工接触，有一次算一次。

会不会有人觉得，这算是什么重要指标啊？线上聊一下，问问情况，不是很正常吗？有什么可大惊小怪的？殊不知，这是亚马逊极为重视的一个关键指标。

因为每一次的人工接触，都意味着人员及相应的人工成本。如果每单平均人工接触次数保持不变，那么订单规模增加 10 倍，相关人员人数就至少得增加 10 倍；如果再往深里想，那么增长速度就会受限，盈利水平就难以提高。

2002 年是亚马逊过去 25 年发展历程中意义非比寻常的一年。因为就在那一年，亚马逊首次实现了盈利。成绩背后的重要原因之一，就是当年的人工接触次数下降了 90%。这意味着同样的人数，能支撑订单 10 倍的增长，人效提高了 10 倍。同样的人工成本，收入增长 10 倍，对利润能产生多大的贡献。

当每个真正的因被充分挖掘，被深刻认知，被严格追踪、不断优化并做到极致时，卓越的果自然就会出现。

实时追踪

很多企业都会定期开经营分析会，分析上一阶段的经营结果，制定下一阶段的业绩目标及重点工作。最常见的是，月度开小会，季度开大会（参加人员会更多些）。

通常开会形式是每个条线挨个讲，业务讲完职能讲，各自讲完后领导做总结。开会时间基本在每月中上旬，比如10日或15日前后，因为整理汇总公司总体及各业务的经营情况，的确需要一些时间。

比如今年7月中的某天，某公司大客户业务部召开了季度经营分析会。会议进行中，该业务负责人张总发现，在最大的20家大客户中，有几家的实际销售情况与年初制定的预算要求差距甚大。其中差距最大的一家，4月还能达标，但5月、6月出现了断崖式的下滑。

发现这个情况后，张总当即与具体负责这家大客户的销售人员通了电话，与参会的领导一起分析讨论，很快制订了四项整改方案，并明确了每项工作的具体责任人及完成时间要求。

经过这件事，你对张总的评价如何？估计不少人会认为，张总虽然身居高位，但仍然能深入细节，发现问题，而且能当机立断,解决问题,是位难能可贵的好领导。

如果以传统的标准来看,上述评价的确合情合理。但以数字时代的标准来看,这样的组织反应速度,实在是太慢了!

如果 5 月、6 月整体业绩差,那么最初的增速放缓,最初的业绩下滑,发生在什么时候?也许是 5 月第一周,也许是 4 月最后一周,也许早在 4 月中,就出现了最初的端倪。如果能在那时发现问题,快速进行调整,也许能为公司多争取 2~3 个月的时间。

在亚马逊,数据的收集和分析是实时的。如果有需要,我们可以看到每天、每小时、每分、每秒的数据。如果出现异动,系统会自动提示相关人员

这样就可以做到第一时间发现问题,第一时间解决问题。这才是数字时代应有的反应速度。

核实求证

在亚马逊,凡事都要有数据支撑。领导不仅应要求自己说话办事都有数据支撑,还要对别人提供的数据信息严格核实、严谨求证,绝不可盲信盲从。

在这方面,贝佐斯的确起到了表率作用。比如,在2000年圣诞购物季的一次高管会上,贝佐斯问当时负责客户服务工作的副总:客户打亚马逊的客服电话,接通后需要等待多长时间,才能与客服人员通话?

在美国,客户打客服电话,接通后往往需要经历漫长的等待时间,听着一遍遍重复播放的音乐及提示,随着心情从着急到烦躁,再到抓狂,才能最终等到与客服人员通话。

这位副总的回答真是令人欣喜,他说保证1分钟内能与客服人员通话。

如果你是贝佐斯,你会如何反应?会不会心生欣慰,觉得这哥们儿有办法,这么老大难的问题,竟然已经轻松搞定,还能做到等待时间不超过1分钟?

贝佐斯听到这个回答,立刻当着所有人的面,当场拨打了亚马逊的客服电话,还把自己的手表摘下来,放在桌上计时。

立刻、当场、亲自核实。

请在心中默数，从 1 数到 270，为什么？因为当时贝佐斯及整个亚马逊高管团队，就是经过了 270 秒，整整 4 分半钟的漫长等待，才等到与客服人员通话。

这 270 秒，这 4 分半钟，是最好的以身作则，是最好的现场指导。

从时间管理的角度看，这 270 秒的投资回报率是极高的。因为无论是当时身在现场的各位高管，还是很快就会听闻此事的各级员工，又或者是将来会知道这个传奇故事的一拨又一拨新进员工，大家都会牢牢记住这一课：深入细节，刨根问底，亲自核实，严谨求证。空口无凭的打包票、拍胸脯，在亚马逊是完全行不通的。

那么按照亚马逊的严谨标准，要证明某个结论，需要提出怎样翔实可信的数据支撑呢？

在 2002 年致股东的信中，贝佐斯为证明亚马逊在价格方面的巨大优势，即"商品折扣并非只限于特定时间个别品类，而是涉及全品类的天天低价"，特意做了 **100 本畅销书的比价实验**。

为保证公平性和代表性，在选择书目时，亚马逊用的不是自己平台的销售排名，而是竞争对手的销售排名，选出的书中，既有平装书，也有精装书，而且涉及多个图书类别，如文学、爱情、推理、惊悚、纪实、儿童、励志等；在进行价格调查时，亚马逊走访了竞争对手位于纽约（即美国东海岸）及西雅图（即美国西海岸）的多家大型书店。

调查结果如下：

- **总体价格**：在竞争对手的书店里，买这 100 本畅销书，需要 1561 美元；而通过亚马逊网站，买同样的 100 本书，仅需 1195 美元，即便宜 23%，帮客户省了 366 美元。

- **单本价格**：与对手相比，亚马逊在 72 本书上，价格更低；在 25 本书上，价格相同；在 3 本书上，价格略高（已对这 3 本书的售价进行了下调）。

- **打折比例**：在竞争对手的书店里，仅有 15 本书在打折，其余 85 本都是全价销售；而在亚马逊，打折比例超过了 3/4，有 76 本书在打折，只有 24 本是全价销售。

这才是有数据支撑且经得起核实求证的分析思考方法。

在亚马逊，什么是检验数据指标足够好的**终极标准**呢？

这就是真金不怕火炼。当你能够从容面对贝佐斯本人及亚马逊每位领导的密集火力，就他们提出的深入细节、刨根问底的各种问题，都能拿出极为细致、极为全面、聚焦于因且经得起核实求证的实时数据分析时，恭喜你，你过关了！

推动智能经营管理

贝佐斯毕业于普林斯顿大学，学的专业是计算机和电子工程。他不仅理解数据算法、机器学习、人工智能等前沿技术，而且知道如何将这些超级武器用在企业经营中。

1994年创建亚马逊前，贝佐斯就职于量化对冲基金巨头萧氏公司。这家公司成立于1988年，创始人为斯坦福大学计算机博士大卫·萧（D.E.Shaw）。早在30多年前，这位萧先生就开始大胆探索通过量化分析、智能算法，让计算机自动完成金融交易，一举开创了华尔街量化投资的先河，彻底改变了整个美国金融产业。

在萧氏公司4年的工作经历，让贝佐斯更加深刻地认识到了数字技术的强大威力,并逐渐萌生了后来亚马逊业务模式的基本雏形,比如,如何通过海量数据及数字技术,为每位客户提供各自不同的个性化服务。

在贝佐斯 2010 年致股东的信中,开篇有这么两段:

"随机森林(random forests)算法、贝叶斯估计方法(Bayesian estimation)、RESTful 服务(RESTful services)、Gossip 协议(Gossip protocols)、最终一致性(eventual consistency)、数据分片(data sharding)、反熵(anti-entropy)、拜占庭容错机制(byzantine quorum)、抹除码(erasure coding)、向量时钟(vector clock)算法……走进亚马逊的某个会议室,你可能一瞬间会以为闯进了一个计算机科学讲座。

翻一翻目前有关软件架构的教科书,你会发现几乎没有什么架构模式未被亚马逊所用。我们使用高性能交易系统、复杂渲染与对象缓存、工作流与队列系统、商业智能与数据分析、机器学习与模式识别、神经网络和概率决策,以及其他各种技术。虽然我们的很多系统来自最新的计算机科学研究成果,但常常还不能完全满足需要,因此我们的架构师和工程师不得不深入学术研究尚未触及的领域展开研究。正是因为我们面对的很多问题，在教科书上还无法找到现成的解决方法，所以我们只好自己动手，发明新的解决办法。"

在数字时代，企业能有一位对数字技术如此精通，对数字技术能发挥的重要作用如此坚信的掌门人，真的非常幸运。

在贝佐斯的大力推动下，亚马逊充分利用数据算法、机器学习、人工智能等前沿数字技术，开发了很多功能强大的智能管理工具，在不少常规性的日常经营问题上，可以实现自动分析、自动决策。

智能推荐

在个性化服务方面，由谁来决定为不同客户推荐什么商品呢？亚马逊靠的是个性化推荐算法，让系统自动为每位客户提供精准到个人的个性化推荐。

智能定价

在商品定价方面，由谁来确保全品类天天低价的定价原

智能管理系统

投资极高,但回报极大

它能

推动常规决策自动化

将组织的精力从日常管理中释放出来

用于思考未来、布局长远、持续提升

则能在实际运营中得到真正的贯彻落实？亚马逊靠的是定价机器人，让系统自动检索，自动抓取多家竞品的价格数据，并自动调整亚马逊自营平台上相应商品的售价，确保时刻能为客户提供最低价格。

智能履约

在新建履约中心方面，由谁来负责选址呢？亚马逊靠的是 Mechanical Sensei，这是公司自行研发的一套软件系统。该系统会根据亚马逊所有物流订单处理信息及其他相关因素预测需要在哪里新建履约中心。

在优化配送决策方面，由谁来负责为每个订单找到最优的配送方案，确保做到速度最快、成本最低？亚马逊靠的是履约管理软件系统。早在 2001 年，该系统每小时就能完成数百万次的优化处理。

智能三方管理

随着亚马逊第三方销售平台的快速发展，2018 年第三方卖家数量已超过 300 万家，其交易总额高达 1600 亿美元，销售占比达 58%，连续 4 年超过了亚马逊自营业务。

为了推动第三方平台业务发展，由谁来负责赋能第三方卖家，帮助他们提升能力、发展业务呢？答案是智能工具。该工具会自动综合海量数据，如销售季节性波动、历史经营业绩、未来需求预测、竞品商品种类、流动资金周转等，帮助第三方卖家做出最好的经营决策，如下多少订单，建多少库存，如何定价，如何促销，完成从选品到展示，再到订单处理、物流跟踪、交易付款及客户反馈的全过程。

随着亚马逊第三方销售平台的快速发展，2018年第三方卖家数量已超过300万家，那么由谁来负责考核评价，如何发现害群之马呢？答案是靠平台系统自动完成。系统会根据事先设定的监控指标，实时收集分析第三方卖家在各个方面的经营数据，综合评价每个卖家的经营状况并打分。综合评分高的卖家，系统会依据事先制定的规则，自动给予奖励；综合评分低的卖家，系统会自动发出警告，如果情况严重，该卖家有可能被封。

投资巨大，回报更大

要建立像亚马逊这样的跨部门、跨层级、端到端的数据指标体系，要达到非常严苛的五项要求（极为细致、极为全面、实时追踪、聚焦于因、核实求证),要借助数据算法、机器学习、人工智能等数字技术,开发智能管理系统工具,的确是**非常耗费心力且非常耗费资源的一项重大投资**。

在不少人看来,有这样的数据支撑当然好,但没有似乎也不是什么天大的事。过去几十年,我们靠肩挑人扛,不都过来了吗?那亚马逊为什么会如此坚定不移地在这方面投入巨大的人力、物力呢?

因为亚马逊的管理者认定,这是**一项回报极高的长期投资**,而且随着时间的推移、数据的积累、算法的迭代,这样的数据指标体系、这样的智能管理工具能创造的回报会越来越高。

释放组织精力

在很多企业中,组织精力似乎都被消耗在日常经营管理上。从基层经理到集团高管都特别忙,忙着开各种各样的会,听各种各样的工作汇报,处理下属提出的各种各样的问题。与此同时,虽然喊了很多年的授权赋能,基层员工发挥自主性的机会仍然非常有限。

似乎所有问题都得向领导汇报,都等着领导解决,都需要领导拍板。领导听着心累,下属汇报着也累。尤其让人撮火的是，即便如此呕心沥血，同样的问题也总是不断反复出现，如此周而复始，似乎永远都没有尽头。

在亚马逊，日常经营管理似乎没有占据领导太多时间。为什么呢？因为没有这个必要。

首先，借助智能管理工具，不少常规性的经营决策可以实现自动完成，这就极大地减轻了各级领导在日常经营管理上的工作负担。

其次，通过数据指标体系，日常经营涉及的每个因素都已实现了实时追踪、实时分析，而且针对每项指标都已明确了具体的责任人以及正常的波动范围。如果某项指标的波动超出了正常范围，系统就会自动报错，提示相关责任人，相关责任人也会第一时间自己分析、自己解决。

为什么在亚马逊，在大多数情况下，发现问题无须麻烦领导，具体负责人自己就能搞定呢？这是因为有了极为细致、极为全面、聚焦于因的实时数据支撑，更容易洞见出现问题的根本原因，更容易根据相应的分析找到解决问题的方法，得到需要协同的人的帮助。

如果的确需要领导帮助，向上一级领导求助就好；如果的确需要集思广益，下次部门周会上讨论就好，无须层层上报，层层审批。

这样一来，**组织的精力就被极大地释放出来，可以用于思考未来，布局长远，持续提升。**

因此，亚马逊开会与很多公司的经营分析会不同，不会把绝大部分时间用于汇报工作。既然有了如此细致全面的实时数据支撑，出现的问题基本都有专人自觉地快速解决，为什么还需各位领导逐个汇报上一阶段各自工作的功劳和苦劳呢？

亚马逊开会的重点通常在于讨论未来。比如，如何解决反复出现的棘手问题，如何制定影响深远的重要决策，如何推动客户体验及组织能力的持续提升。

推动持续提升

很多企业都号称自己在大力提倡绩效文化，在持续提升组织效能，却没有制定具体的指标考核，建设有力的数据支撑。

只有被衡量的，才能被提升。没有明确具体的衡量标准，没有持续提高的具体要求，所谓绩效文化、组织提升甚至快速迭代，都只能是空洞的口号而已。

在亚马逊，无论是各级领导还是基层员工，每年制订年度经营计划时，都需要思考相比今年，明年如何实现持续提升？如果工作内容相同，那么怎么做到效率更高、成本更低？如果希望推陈出新，那么怎样实现客户体验的提高？最终的方案，不仅要有具体的工作计划，还要有明确清晰的衡量指标以及有挑战性的提升目标。

1999 年，杰夫·维尔克一加入亚马逊就受命提升公司的履约物流体系。当时，亚马逊的物流管理还相当原始，每天早上各履约中心的总经理得一起开一个电话会议，协调一下公司当天物流配送工作的总体安排。

千头万绪，维尔克从何入手呢？

维尔克制定了**运营数据指标**，要求各履约中心的总经理严格追踪，对收到多少订单、发出多少订单、每个订单的分拣包装及物流配送成本等几十项指标都做到心中有数、了如指掌。

维尔克还成立了由十位顶尖高手组成的**供应链计算小组**，后来这个小组成为亚马逊的秘密武器，攻克了很多曾经非常棘手的难题，比如在整个亚马逊物流体系中，众多商品在不同时间应存放在哪里，众多订单中涉及的众多商品应如何有效地整合在一起。

这些工作貌似基础、貌似枯燥，但为亚马逊整体的运营效率、客户体验及组织能力的提升打下了坚实的基础。如果不是这样，亚马逊日后也无法推出面向会员的两天到货免邮服务，以及对外创收的履约物流服务（Fulfillment By Amazon，FBA）。

正是基于这样扎实的数据指标体系，以及之后**不断提升迭代**的智能履约管理系统（仅在 2014 年一年就完成了多达 280 项的重大软件升级[⊖]），维尔克才敢说，他相信通过不断降低差错率，不断提升效率，单位物流成本会每年持续下降。当然，他做到了。

在亚马逊，说到做到是极为重要的品质

※ ※ ※

亚马逊凭借极为细致、极为全面、聚焦于因的实时数据指标体系，凭借广泛使用的智能管理工具系统，通过严格追踪、考量分析每个影响客户体验及业务运营的原因，快速发

⊖ 贝佐斯 2014 年致股东的信。

现问题，自动完成常规决策，把组织的精力从重复繁重的日常经营管理中极大地释放出来。

然而亚马逊并没有因此松懈，而是全心投入一项更具挑战性的工作之中：如何打造永不熄火的创新引擎。让我们共同开启**模块 4，创新引擎：颠覆开拓，发明创造**。

模块 4

创新引擎：颠覆开拓，发明创造

· 亚马逊管理体系 ·

亚马逊致力于发明创造，致力于打造持续加速、持续颠覆、持续开拓的创新引擎，不仅要取得自身业务的快速增长，还要创造规模巨大的全新市场。

愿意付出什么代价

敢于打造新的能力；敢于颠覆现有业务；敢于开创全新市场；不怕失败，持续探索；不畏艰难，保持耐心

如何持续产生创意

人人都有好的创意；要为客户发明创造；优势必须显著独特；规模必须非常大

如何打磨好的创意

撰写新闻通稿：明确目标客户、成功的标准及可能遇到的困难与障碍

如何推动创意实现

组建全职项目组；选对项目负责人；全程负责到底

当今时代，变化的速度及幅度都远超以往。

这意味着，"一招鲜，吃遍天"的时代，永远一去不复返了。一味因循守旧，固守传统业务及传统模式，过去的辉煌恐怕难以为继。

不仅如此，**更可怕的是，现在成功似乎越来越短暂**，一次突破创新能带来的优势似乎越来越有限。企业要想立于不败之地，必须持续创新，不断开拓。

说起来容易，做起来实在是太难了。放眼全球，真正能做到的企业又有几家？

2003年，《创新者窘境》的作者、哈佛商学院的克里斯坦森教授，在接受《快公司》杂志访谈时曾非常悲观地说，还没有看到任何一家公司成功打造出了永不熄火的破坏性创新引擎。

在这方面,亚马逊可谓独树一帜。

创业之初,贝佐斯就带领高管团队认真研读了克里斯坦森教授的书及理论,并致力于发明创造,致力于打造持续颠覆、持续加速、持续开拓的创新引擎。亚马逊不仅取得了自身业务的快速发展,还创造了规模巨大的全新市场。

也许这就是为什么 2012 年《财富》杂志将贝佐斯称为**"终极颠覆者"**,2017 年《快公司》杂志把亚马逊选为年度全球最具创新精神的企业,2018 年《福布斯》杂志评选了全球最具创新力的公司,亚马逊也榜上有名。

那么在创新方面,亚马逊究竟有什么独门绝技呢?

愿意付出什么代价

很多企业也想发明创造,也想推出极具颠覆性、开创性的产品及服务。因为大家都知道,这样的创新一旦成功,其商业价值是巨大的。不仅市场空间大,市场份额高,而且利润空间也极为诱人,如 IBM 的主机、英特尔的芯片、微软的操作系统。

然而发明创造可不是人人都能干成的。就像硬币都有两面，上述的丰厚回报，只是发明创造表面光鲜的一面，其背面的困难艰辛，往往超出常人的想象。

很多企业在强调创新、提倡发明创造时，最缺乏的就是对其另一面的充分认知。正是因为缺乏正确认知，人们就会凭着趋利避害的本能，选择尽可能不付出代价，努力尽可能少付出代价。殊不知，不愿付出创新的代价，恰恰断送了创新成功的可能。

那么，打造持续颠覆、不断开拓的创新引擎，必须付出的代价究竟是什么？

敢于打造新的能力

贝佐斯认为，业务发展有两条路径。一是，从自己现有的能力出发，基于现有的核心竞争力，思考未来还有哪些提升空间。二是，**从客户未来的需求出发**，基于未来如何最好地满足客户需求，**倒推回来，思考自己需要建设哪些新的核心能力。**

过去几十年来，很多企业的默认发展模式就是第一条路径，核心竞争力理论就是这么说的。这样做虽然显得更加顺理成章，更加容易成功，但其发展空间是十分有限的。

亚马逊要走的，恰恰是第二条路径。这意味着：

必须敢于进入全新领域，敢于从零开始打造自己尚不具备的关键能力，并快速将之打造为赢在未来的核心能力

这就是为什么早在 2004 年，独自面对几乎所有人的反对，贝佐斯会毅然决然地选择自行开发电子阅读器，即今天我们看到的 Kindle。

当时，大家反对的理由非常充分。且不说电子产品处于竞争何等激烈的行业，单说做好电子产品所需的关键能力，尤其是硬件产品开发，就是当时电商业务出身的亚马逊完全不具备的。在大家看来，电子产品与图书电商简直是格格不入的两个世界。

然而，贝佐斯看到的不是形式的不同，而是实质的统一，即无论是图书电商，还是电子阅读器，只是满足同一客户需求的不同方式。

贝佐斯思考的不是现在，而是未来，即**重要的不是现在会什么，而是企业要活在未来、赢在未来，需要什么能力。**

如果电子阅读是未来的大势所趋，甚至有可能（至少在一定程度上）取代纸质书，亚马逊就必须打造全新的核心能力，就算再难，也必须去做。

这就是贝佐斯的思维逻辑，这就是亚马逊选择的发展路径。

敢于颠覆现有业务

很多企业明明坐拥创新先机，却把一手好牌打烂的关键原因，就是不敢挑战现有业务。

最典型的案例，就是柯达。柯达在其鼎盛时期曾占据全球胶卷市场 80% 以上的份额。后来成为主流的数码相机，将这个曾经的巨人，一步步逼进了破产的困境。

令人唏嘘的是，当年最早发明数码相机的，不是别人，恰恰是柯达自己。因为不敢颠覆自己的现有业务（胶卷），柯达选择了雪藏数码相机技术。

正是应了那句老话：**你自己不革自己的命，别人就会来革你的命。**

类似的案例，还有美国最大的连锁书店——巴诺书店。

早在1999年,亚马逊还非常弱小时,贝佐斯在接受采访时就说,巴诺和亚马逊根本就不是竞争对手。

为什么呢？因为巴诺虽然也推出了线上服务,但其使用互联网等新技术的出发点是为了巩固现有的线下业务。而亚马逊要做的是,充分利用新技术,创造全新的客户体验,开拓全新的市场空间。

基于这些认知,贝佐斯在决策做 Kindle 时,就明确地对该项目负责人说:"**你的工作,就是要干掉自己的业务……就是要让卖纸质书的人都失业。**"

这位仁兄此前负责的,正是亚马逊图书电商业务。既然要做电子阅读器,就要做到极致的好,好到让大家都不读纸质书,好到让卖纸质书的人都失业,其中当然也包括亚马逊自己。

敢于开创全新市场

在创新方面,亚马逊特别令人钦佩的是其开创性。他们的想象力似乎特别丰富,**从来不会因为没有先例,没有现成的市场而裹足不前。**

过去几十年，大大小小的企业都需要建设自己的网络系统，需要自己购买硬件和软件，如果自己不会搭建网络，还得请外部的系统集成公司或者IT咨询公司帮助完成。这就是以IOE为代表的传统IT架构，即以IBM为代表的主机，以甲骨文（Oracle）为代表的关系型数据库以及以EMC为代表的高端存储设备。

然而，云服务改变了这一切。从那时起，企业多了一种选择，即无须投入巨额固定资产，无须自建复杂系统，可以借助第三方提供的云服务更快速、更灵活、更低成本地完成系统搭建。

在亚马逊之前，从未有人如此尝试，从未有客户如此要求，而且传统企业经营思路主张的是企业应对其核心能力严格保密、严禁外传。

然而亚马逊打破这一切，开创了一个规模巨大、增速惊人的全新市场——云服务市场。

云服务市场始于2006年，是亚马逊推出的简单存储服务，之后微软于2010年、谷歌于2012年才跟进杀入这个市场。

不怕失败，持续探索

发明创造是艰辛的路，其间伴随着一次次的失败与一次次的重新再来。

想要推动创新，想要推动持续发明创造，就必须接受失败，甚至拥抱失败。因为**每一次失败的探索，都能让我们与最终的成功更接近一些**。正是因为不怕失败，才能放下顾虑，才能更加勇敢地探索向前。

亚马逊对此认识深刻，甚至把这种认知视为自身独特的竞争优势。贝佐斯在2015年致股东的信中谈道：

> "我们最与众不同的地方，就是如何看待失败。我相信，我们是全世界最能包容失败的地方（这样的例子有很多）。我们坚信，发明创造与挫折失败是一体两面、相互依存的……很多大公司都说要推动发明创造，但就是不愿意接受过程中不可避免的挫折失败。"

其实，亚马逊在25年的发展历程中也经历过很多失败。下表列示的，就是亚马逊经历过的18项重大失败[1]。

---

[1] 哈佛商学院案例《沃尔玛挑战亚马逊》。

序号	重大失败（中文部分为作者备注）	上线时间	终止时间
1	Amazon Auctions（亚马逊拍卖平台，类似 eBay）	1999	2000
2	zShop (Marketplace 第三方平台的前身)	1999	2007
3	A9 search portal（搜索平台）	2004	2008
4	Askville（问答平台）	2006	2013
5	Unbox（视频购买及下载服务）	2006	2015
6	Endless.com（高端服饰平台）	2007	2012
7	Amazon WedPay（免费转账平台）	2007	2014
8	PayPhrase（快速支付系统）	2009	2012
9	Webstore（帮助中小企业自建在线销售平台）	2010	2016
10	MyHabit（时尚品类平台）	2011	2016
11	Amazon Local（本地生活服务平台）	2011	2015
12	Test Drive（付费应用免费试用服务）	2011	2015
13	Music Importer（线上音乐存储平台）	2012	2015
14	Fire Phone（线上音乐存储平台）	2014	2015
15	Amazon Elements Diapers（亚马逊自营婴儿纸尿裤品牌）	2014	2015
16	Amazon Local Register（亚马逊移动便携 POS 机系统）	2014	2015
17	Amazon Wallet（亚马逊钱包）	2014	2015
18	Amazon Destinations（亚马逊在线旅游服务）	2015	2015

面对微不足道的挫折失败，做到包容似乎还不那么难。真正的考验在于，如何面对重大失败，尤其是那些损失高达好几亿乃至数十亿美元的重大失败。

贝佐斯认为，随着业务规模的不断发展及公司体量的不断提升，发明创造的规模也需要相应提升，否则太小的创新相对于巨大的业务体量而言，实在不足以带来什么真正的影响与改变。**发明创造规模的提升意味着实验规模的提升，也就意味着失败规模的提升。**

因此，贝佐斯在2018年致股东的信中首次提出了"损失高达数十亿美元的重大失败"的概念，并强调说：

"亚马逊还会投入按公司现有规模能接受的试错中，哪怕有时要交数十亿美元的'学费'。当然，我们不会轻率地进行这样的实验。我们会努力确保这些实验是正确的，但并非所有正确的选择最终都会产生期待的回报。"

亚马逊手机就是这种"损失高达数十亿美元的重大失败"，当年光是一个季度的库存核销就高达1.7亿美元。

然而，这一失败并没有让亚马逊灰心丧气而就此退出硬件业务。相反，亚马逊汲取了手机失败的经验教训，把经过失败洗礼的项目团队及相关技能，投入智能音箱（Echo）及智能语音平台（Alexa）的开发工作之中。

之后的故事，大家就都知道了，亚马逊在这两个全新的领域——智能音箱及智能语音平台，都取得了巨大的成功。

不畏艰难,保持耐心

发明创造是艰难的,而且从效率的角度来看,无疑是低效的。在探索未知的过程中,不仅要面对挫折失败,而且要面对巨大的不确定性。究竟能不能取得突破,究竟什么时候才能取得突破,全是未知数。

相比发明创造,沿袭现行做法,遵循传统方式及参照最佳实践则优势巨大:不仅效率高,确定性强,而且做起来特别得心应手,显得执行力超强。既然如此,何乐而不为呢?很多人就是为了效率、为了确定性、为了执行力,有意无意间就与发明创造失之交臂。

贝佐斯认为:

对于发明创造,就不该把追求效率放在第一位

在很大程度上,指引发明创造的是直觉、勇气、灵感和好奇心。发明创造的过程需要不断地实验、失败、思考、修正、重来,甚至是停下来换个思路再重启,如此往复,一遍又一遍。

这是一个探索未知的过程,就像贝佐斯所说:在探索未知的过程中,通往成功的道路绝不可能是笔直的,而是蜿蜒向前的。尤其是那些可能带来重大突破、创造巨大价值的颠覆性创新，我们更需要保持耐心，给予足够的时间与空间。

亚马逊的各项重大突破都经历了这样的耐心等待，其时间单位不是月，而是年。从有想法到上市，亚马逊云服务（AWS）经历了2年多，电子阅读器（Kindle）经历了3年半，智能音箱（Echo）经历了4年。

如何持续产生创意

好的创新都源于某个创意，刚提出时，也许有些其貌不扬，也许有些痴人说梦，也许有些离经叛道，但经过精心打磨、持续迭代，就可能释放出夺目的光芒。

要想打造永不熄火的创新引擎，首先要解决的就是，如何持续获得好的创意，如何从中选择好的创意。亚马逊在这方面，是怎么做的呢？

人人都有好的创意

很多人都曾有过灵感一现的高光时刻。但很多灵感也仅限于迸发的那一刻，之后绝大多数人选择了沉默不语，忽略不计。

为什么会这样呢？达美乐比萨公司（Domino Pizza）首席执行官帕特里克·道尔（Patrick Doyle）认为○，这是因为人们心存顾虑：担心说出来，可能不被认可；就算被认可，技术上也可能做不出来；就算做出来，上市之后，商业上也未必能成功。总之，各种顾虑之下，很多灵感就这样被埋没。

那么怎么做才能**让大家放下各种顾虑，大胆地把不成熟的创意，甚至是有些疯狂的想法，勇敢地讲出来呢**？

亚马逊自创了一个名为"点子工具"（Idea Tool）的内部应用，鼓励大家不要考虑技术上或商业上是否可行，想到什么创意就大胆地畅所欲言。大家都可以自由浏览，高层领导也可以直接看到。

亚马逊Prime会员业务的最初创意就源于此。2004年，一位级别不高的软件工程师查理·沃德（Charlie Ward），在点子工具上建议：是否可以参照自助餐的模式，以支付会员费的方式，为那些对时间敏感的客户提供快速送货服务。

○ 泰勒. 可口可乐、奈飞、亚马逊为什么都鼓励员工多犯错误 [J]. 哈佛商业评论，有删改。

渐渐地，大家对沃德的创意越来越关注，越来越有兴趣。贝佐斯看到后立即召集相关人员于周六在他家后面的船屋里开会并现场决策，就此启动了对亚马逊未来发展影响深远的Prime会员业务。截至2018年年底，亚马逊全球Prime会员总数已过亿，光会员费收入一项就高达百亿美元。

要为客户发明创造

大家都知道，贝佐斯最强调的原则，就是"痴迷客户"。

贝佐斯究竟为什么如此热爱客户、痴迷客户呢？原因有很多，其中之一是"爱他们的永不满足"[一]。无论现有的产品及服务水平如何，客户总是期待更好：更优的选择、更低的价格、更便捷的服务。人性使然，永无止境，昨天"哇"的一声兴奋惊喜，很快会变成今天"哦"的一声稀松平常。

亚马逊就是要把客户的这种永不满足变成不断鞭策自己前进、不断激励自己发明创造的动力，持续不断地为客户发明创造。

很多企业说是以客户为中心，实则事事瞄着竞争对手。亚马逊为什么选择不这么做呢？因为聚焦对手意味着消极被

[一] 贝佐斯2016年致股东的信。

动，意味着总在等待，等着对手或是别的潜在对手去开创、颠覆。

真正聚焦客户、真正痴迷于如何让客户惊喜，能让组织更加积极进取，更加勇于探索未知，更加敢为天下先。正如贝佐斯在2018年致股东的信中谈到的：

"在我们之前，没有客户提出需要Echo智能音箱。这是我们在探索未知中萌生的灵感，市场调查没有提供帮助。如果你在2013年拜访顾客，问他们，'你们会想要一个放在厨房里永远开着的黑色圆筒吗？它跟薯片桶差不多大，你可以跟它说话，向它提问，它还能帮你开灯、播放音乐。'我敢向你保证，他们会奇怪地看着你说，'不，谢谢。'"

优势必须显著独特

要想让客户持续满意，给客户持续带来惊喜，创意必须与众不同，优势必须显著且独特，最好是亚马逊独有的。

很多年来，大家都问贝佐斯亚马逊会不会开线下实体店。贝佐斯的回答都是会开；但要开，就得跟传统方式不一样。

大家问了很多年，也猜测了很多年，现在终于有了答案——亚马逊无人零售店。在那里，客户进门买东西，出门不需要排队结账，拿了东西直接出门就好。很多客户将之称为"神奇体验"，惊喜之情溢于言表。

这就是贝佐斯大力倡导的：**敢于想象不可能**。亚马逊要发明创造的，就是这样完全超乎客户想象的神奇体验。

规模必须非常大

在亚马逊，好的创意必须够大。如果一个创意成功之后只能服务几百或几千名客户，那么在规模上就不符合要求。

多大才算规模非常巨大呢？

亚马逊要的创意，必须能服务全球数以亿计的消费者或数以百万计的企业

当今时代，通过互联网及数字技术，跨越全球的服务成本已不再是不可逾越的障碍。

对于亚马逊，一年2000多亿美元的收入水平还只是一个阶段性的小目标。它看到的是规模近30万亿美元的全球零售大市场,其下一个小目标是万亿美元收入。因为即便达到万亿美元的目标,在全球零售大市场中的份额,也只不过是个位数而已。

在接受《快公司》杂志专访时,贝佐斯说道:"我们的工作就是要创造全球客户都喜欢的极致体验。"为什么在极致体验前面,要加上"全球客户""都喜欢"?因为只有做到这样,规模才能非常大。

为什么要求规模巨大呢?

因为与创新、与发明创造相伴而来的是风险。既然失败在所难免,只有"规模巨大的成功"(Big Wins),才能弥补多次失败带来的损失。

亚马逊云服务(AWS)就是这样规模非常大的成功,仅2018年一年就取得了267亿美元收入和73亿美元营业利润的佳绩。一次这样的成功,的确可以覆盖多次失败的损失,甚至是高达数亿乃至数十亿美元的损失。

更何况,除了亚马逊云服务,亚马逊还取得多项其他领域的规模巨大的成功,如Marketplace第三方平台、Prime会员以及Echo智能音箱等。

做到规模非常巨大的必要条件，是什么呢？

答案非常简单，就是"简单"本身。

乔布斯一直认为，**最好的设计是最简单的**。对此，贝佐斯非常赞同。他认为，简单能让服务更快捷，让客户更省心，让客户体验更好，当然也会让成本更低。与复杂相比，简单更容易快速上量。

正是基于这样的认识，亚马逊第三条领导力原则就是"创新简化"。

如何打磨好的创意

获得好的创意，本来就很不容易。一旦发现好的创意，很多企业的通行做法是马上付诸实施，尤其是高层领导特别重视的创意，必然是马上立项，马上给人给预算。

然而亚马逊的做法截然不同。有了好的创意，他们做的第一件事是撰写"新闻通稿"（press release）。

撰写新闻通稿

看到这里，是不是有无数个问题从你的脑中冒出来？比如，我们又不是新闻媒体，写什么通稿啊？又如，通稿里到底写什么呀？再如，写这样的通稿到底有什么用啊？

别小看新闻通稿，这可是亚马逊的"独门心法"。亚马逊通过这个方法从未来倒推回来，思考过程中会遇到的困难与障碍，制定成功标准及指导原则，**完成对创意从初步概念到实施规划的细致打磨。**

那么亚马逊的新闻通稿，究竟长什么样呢？因为要严格保密，这里不能与大家分享亚马逊在实际工作中撰写的新闻通稿。为了说明问题，亚马逊前高管约翰·罗斯曼以亚马逊 Marketplace 第三方平台开发为例，草拟了下面的新闻通稿：

亚马逊第三方平台增速喜人

西雅图：亚马逊今天宣布了第三方平台的经营业绩。第三方平台增长趋势迅猛，不仅成功推出 10 个新品类，而且订单数占比已快速攀升至 30%。

借助第三方平台的快速发展，亚马逊已成为客户网上购物、满足日常生活所需的首选平台，无论是服装配饰、运动器材、家居装饰、珠宝电器，亚马逊都一应俱全。在亚马逊，选择更多、价格更好、体验更优。

第三方平台的开发难度很大。负责第三方平台开发工作的约翰·罗斯曼解释说："为了给第三方卖家创造极致的客户体验，我们克服了很多技术难关。现在卖家注册、产品展示、客户下单及订单履约等工作，完全无须人工处理，全部都可自助完成。"

短短不到 250 字的新闻通稿，究竟能起到什么作用呢？这篇新闻通稿貌似平淡无奇，实则非常关键，因为通过撰写新闻通稿，亚马逊回答了指导未来研发工作的三个核心问题：

1. 目标客户是谁？
2. 成功的标准是什么？
3. 可能遇到的困难与障碍有哪些？

目标客户是谁

亚马逊在机制设计上处处强化着痴迷客户的原则指引。每个创意、每个创新、每个发明创造的源头都是客户。在将创意方案写成"新闻通稿"

明确三个问题：

1. 目标客户是谁？

2. 成功的标准是什么？

3. 可能遇到的困难与障碍有哪些？

撰写新闻通稿时，团队必须从客户视角出发，回答以下问题：

- 目标客户是谁？
- 客户会如何使用？
- 新的客户体验是什么？
- 原有的客户体验是什么？
- 切换到新的体验需要客户做什么改变？
- 相比原有的客户体验，客户为什么喜欢新的？在客户看来，新的客户体验究竟有什么好处？
- 如果目标客户不是最终用户，那么针对最终用户，需要逐一回答上述这些问题（以第三方平台为例，除了在线购物的客户，第三方卖家也应视为客户）。

在亚马逊思考客户体验时，他们会考虑从客户了解到下单、交付，再到售后、使用的全过程。**在客户体验的全过程中，每个客户触点都非常重要**。

无论是由亚马逊自己提供服务，还是由第三方提供服务，客户体验都必须好。因为客户并不在乎具体由谁负责，出了问题责任在谁。他们只要不满意，就会去别的地方。

因此，虽然是由第三方卖家提供产品及服务，但客户体验必须好，也必须像亚马逊的自营平台那样，为客户提供更优的选择、更低的价格、更便捷的服务。

成功的标准是什么

谈到成功的标准，很多人不免心存疑虑。

创新创造都是极具不确定性的事，最后究竟能不能做出来都还不知道，怎么可能在还没开始的时候就制定成功的标准呢？因此，很多公司采取的方式是先做起来，至于最后结果如何，那就只能是走一步看一步了。

但在亚马逊，创意要想立项，就必须在还没有开始的时候就制定成功的标准，不仅要制定明确的成功标准，**各项标准还要有挑战、够具体、可衡量**。

为什么强调目标的挑战性呢？亚马逊认为，如果目标定得太低、太轻而易举，是无法有效激发大家的潜能及创造力的。只有在面临巨大困难，在常规方法都不管用时，创造力才能被逼上舞台，平常看不到的潜能才有可能大放异彩。

以第三方平台为例，亚马逊20年前曾多次试图攻克，但都收效甚微。1999年，亚马逊推出了亚马逊拍卖，结果大失所望，第二年就关停了，当年还推出了 zShop，让中小企业在那里开店，但也没什么起色。2000 年 11 月，亚马逊在整合拍卖和 zShop 业务的基础上，推出了向第三方卖家开放的 Marketplace 第三方平台。1999～2000 年，第三方销售占比仍停留在 3%。

在这样的大背景下，你就能看出，当年团队提出 30% 的第三方销售占比目标多么有挑战性。当然，这个目标也符合"够具体、可衡量"的要求。

如果涉及新产品或新服务，在新闻通稿中还必须提出具体的、切实可行的上线日期。

制定具体上线日期的目的，不仅在于让大家在项目启动前深入思考，少说大话空话，更在于把目标写下来，把目标跟别人讲，也是很好的倒逼机制，能让大家在遇到困难时有更大的动力，能更多地坚持。

与所有成功标准一样，上线日期也必须定得有挑战性。比如，亚马逊 Prime 业务，当贝佐斯在那个周六决定启动项目时，上线日期也随之确定，即下次业绩发布时，正式对外发布并上线。这意味着项目团队只有八周的时间，完成从创意到实现的全过程。

亚马逊正是因为从一开始就制定了具有挑战性、够具体、可衡量的成功标准，创新项目的推进工作才能更加聚焦，潜力与创造力才能更好地被激发，而且最终做得究竟好不好才能有明确具体的评价标准。

可能遇到的困难与障碍有哪些

既然鼓励大家敢于想象不可能，敢于开创全新市场，敢于制定极具挑战性的成功标准，那么要把这样的大胆创意变为现实，过程中肯定会遇到各种艰难险阻。

面对这些困难与障碍，怎么办？

很多企业项目在启动之时，不会考虑太多，本着到时候再说的心态，逢山开路遇水搭桥。企业正是因为持有这种心态，在实际工作中，才会出现**"原本的大胆创意，后来却越做越小"**的情况。想想也是，一遇到困难就绕道而行，七绕八绕，难免又绕回老路上，原本期待的突破性创新，自然也就落空了。

充分认识到这样的问题，亚马逊要做的就是从机制和源头上解决问题。因此，亚马逊在撰写新闻通稿时，必须深入挖掘可能遇到的困难与障碍是什么，然后再制定出必须坚持的设计原则。言下之意：

有困难是正常的，关键在于什么是不能回避的，什么是必须坚持的

还以第三方平台为例，为确保客户体验，如何监督第三方卖家的表现，如何帮助他们持续提升，是至关重要的问题。最常见的思路是，请相关专家对第三方进行培训、咨询、测评；表现好的给予奖励，表现不好的给予反馈、指导，实在有需求的，还可以请专家进行现场指导。

这样的思路本身无可厚非，但存在一个致命伤，就是难以标准化、规模化，因此即便成功，也很难做到快速上量，很难实现亚马逊要的"规模非常大"。

因此，当年的研发团队给自己制定的设计原则就是，自助卖家服务，自动监督管理，无须人工处理。要做到，当然很难，但这就是不能回避的困难，而且是必须坚持的原则。

如此看来，想写好新闻通稿，就要清晰回答指导未来研发工作的三个核心问题，即目标客户是谁、成功的标准是什么、可能的困难与障碍有哪些，还真的需要深度思考、反复琢磨。为了充分说明问题，亚马逊在写好新闻通稿后，还会

加上**常见问题解答**（Frequently Asked Questions，FAQ），对过程中的这些思考及决策时可能会被问到的问题进行详细阐述。

事实也是如此，撰写新闻通稿的确是件"苦差事"，需要经过多次修改，改十多遍也都属于正常情况。

如何推动创意实现

通过新闻通稿，明确目标客户、成功标准、可能遇到的困难与障碍以及必须坚持的设计原则，就完成了对创意从初步概念到实施规划的细致打磨。

那么如何推动创意实现呢？大家都知道要成立项目组，也知道贝佐斯有个著名的"**两个比萨小组**"（2-Pizza Team，2PT）理论，就是说项目组人数不能太多，通常是6～10人，这样加班时两个比萨就能吃饱。

于是大家纷纷效法，成立了规模类似的项目小组。但经常是一段时间之后，大家又郁闷地发现，结果似乎没什么改变。

那么问题究竟出在哪里呢？亚马逊项目组模式的精髓到底是什么呢？原来，关键不在于人数，而在于**全职、全程负责到底**，还在于选择**正确的项目负责人**。

亚马逊项目组模式的精髓

不在于人数，而在于

1. 选择正确的负责人

2. 核心团队成员务必

- 全职投入

- 全程负责

组建全职项目组

在推动创意实现时，亚马逊会为这个创意成立"**独立的单线程项目组**"（separable, single-threaded team）。这是什么意思呢？其背后的指导原则，可以概括为三个关键词：**全职、跨职能、集中办公**。

为什么要强调全职、跨职能、集中办公呢？因为创造力源于心无旁骛，源于全情投入，源于深度的沉浸其中，源于跨领域的交流碰撞。

就像创业公司的初创团队，几个人往往是各有所长，成天在一起，不断探索、实验、讨论。一种方法不行，换种方法再来。遇到棘手的问题，大家一起探讨。你一言，我一语，不知何时就能灵感一现，也许突破就在眼前。

创新、发明创造的确需要打破大公司既有的组织架构，**还原到创业的初始状态**。每个项目组，就像创业公司的初创团队一样，需要时刻在一起，并肩战斗。很多企业在效法亚马逊两个比萨小组模式时，恰恰忽略了这一点。

全职、跨职能、集中办公三条之中，**最难做到的就是全职**，但这也是关乎成败的关键。

很多公司级的重点项目，通常都是由某副总挂帅，该副总下属的某总监担任项目组负责人，然后再抽调相关职能、相关部门的精兵强将加入其中。

问题是这些革命同志往往都是一个萝卜一个坑，每个人都有自己的全职岗位，必须对各自部门业绩目标的达成负责。因此，每个人的工作量都已然非常满，根本没有额外的时间和精力全力以赴地推动重点项目。

这样一来，这些重点项目往往是雷声大雨点小：启动时轰轰烈烈，推进时稀稀落落，经常是开个项目专题会连人都凑不齐。至于最后的结果，就看你怎么说了，经常是大事化小，小事化了，然后不了了之。这样的经历，想必大家都似曾相识。

选对项目负责人

在亚马逊，立项时，首先要选项目负责人。虽然好的负责人未必能保证项目的成功，但差的负责人通常都能轻而易举地把好好的创意搞得一团糟。

亚马逊对项目负责人的选择极为重视，贝佐斯及高管团队会亲自参与。事实上，亚马逊**每一个重大的突破创新背后，都有一位卓越的项目负责人**。

比如，回到 1999 年，是谁负责，彻底改造了亚马逊的物流体系，把履约能力打造成核心竞争力，为日后推出对外的亚马逊物流服务打下了坚实的基础？是杰夫·维尔克。今天，他已成为亚马逊高级副总裁，全球零售业务 CEO。亚马逊物流服务的重大意义，并不仅限于对外创收，更重要的在于，它是维系亚马逊生态体系的重要基础设施。

又如，是谁负责，在没有先例的情况下，开创了全新的云服务市场，不仅成功开辟了规模巨大的新业务——亚马逊云服务（AWS），还成为全公司重要的利润来源？是安迪·杰西。今天，他已成为亚马逊高级副总裁，亚马逊云服务 CEO。2018 年，亚马逊云服务在公司总收入中占比仅为 11%，但在总营业利润中占比高达 59%。

再如，是谁负责，在零基础的情况下，杀入了竞争惨烈的消费电子市场，建立了新的团队，打造了新的能力，不仅成功推出了 Kindle 电子阅读器，还为日后各项硬件产品的突破开创了一片新天地？是史蒂夫·卡塞尔（Steve Kessel）。今天，他已成为亚马逊高级副总裁，负责线下零售业务。

在选择项目负责人时，技术专长并非必须达到的首要指标。比如，安迪·杰西就不是技术出身，史蒂夫·卡塞尔对硬件技术也不擅长。

作为项目负责人，尤其是作为发明创造类项目的负责人，意志坚定、团队领导力是更重要的品质及技能。遇到困难是否能够坚持下去，迎难而上，不放弃？面对大家的不同特点、不同风格、不同意见，是否能够兼容并包，有效激发个体，激发大家的潜能与创造力，把大家拧成一股绳？

换句话说，光有智商是不够的。对于创新项目负责人来说，**情商、逆商都要高**。

全程负责到底

在很多公司中，创新工作往往是，铁路警察，各管一段。比如，营销部门负责需求输入，研发部门负责新品开发，然后制造部门负责降本提效，最后销售部门负责卖给客户。

如果新产品业绩好还好说，如果业绩不好，很容易出现相互推诿、相互指责的情况。比如，大家怪营销部门，需求输入有问题；怪研发部门，产品设计有漏洞或缺陷；怪制造部门，成本控制不到位；当然，到最后，所有人都可以怪销售部门，临门一脚不给力，之前的工作做得再好有什么用？

这样的戏码，几乎在每家企业都会上演。面对这样的老大难问题，亚马逊是如何处理的呢？

亚马逊的机制是，**项目组，尤其是核心成员，要从开发到运营，全程负责到底**。

只有这样，责任才能真正清晰，才能做到无法推卸，才能确保大家从项目伊始就为最终结果负责。用贝佐斯的话来说，就是"自己的狗粮，自己吃"，即我们常说的"自己的项目，哭着也要扛下来"。

当然，如果采取这样全程负责到底的模式，随着开发工作的逐步推进、业务机会的逐步明朗，以及更多人才的逐步加入，项目组的规模自然也会随之逐步扩大。因此，此前讲到的两个比萨小组只是项目刚开始的初始状态，而不是项目推进过程中的持续要求。比如，负责智能音箱（Echo）开发工作的项目团队，在项目后期，规模已高达 2000 人。

※ ※ ※

亚马逊在推动创新方面，致力于发明创造，致力于打造持续加速、持续颠覆、持续开拓的创新引擎，不仅要取得自身业务的快速增长，还要创造规模巨大的全新市场。

亚马逊取得的成就，也是有目共睹的。连一向以最高标准要求自己的贝佐斯，也在致股东的信中，充满骄傲地说：**发明创造已成为亚马逊的组织基因。**

然而，过去的辉煌并不能保证未来的光明。只要稍有松懈，创新引擎就会出现减速、卡顿、空转甚至熄火等问题。

那么如何防范这种风险呢？贝佐斯认为，决策机制的作用，至关重要：

"虽然公司规模与日俱增，但是我们仍坚守初心，致力于打造永不熄火的创新引擎……我们是否能成功呢？我很乐观……

当然我也认为，真要做到很不容易。我们会面临很多陷阱，其中有些非常隐秘，不少表现优异的大企业也不能幸免……因此，亚马逊必须建立有效的组织机制及组织能力，防范落入这样的陷阱。

在各种陷阱中，大企业最容易落入的，就是一刀切的决策机制。以这样的方式决策，组织运行的速度及灵活性会受到严重的影响。"

那么，亚马逊的决策机制是什么？他们是如何做到，在规模已然非常大的情况下，还能有效确保组织运行的速度及灵活性，确保创新引擎的高效乃至加速运转的呢？

下面让我们一起进入模块5，**决策机制：既要质量，更要速度**。

模块 5

决策机制：既要质量，更要速度

· 亚马逊管理体系 ·

亚马逊在重视决策质量的同时，更强调决策速度，不仅做到了既快又好，而且形成了一套明确具体的决策原则和方法，这样一线团队能按统一要求做好决策，从而把授权赋能落到了实处。

决策速度怎么提高

决策分类、决策授权、授权给谁、加快审批

常规决策：尽量数字化，智能决策

重大决策如何既好又快

挖掘真相、想象变化、反对一团和气、不必全体同意

遗憾最小模型：人生苦短，少留遗憾

万一决策失误：充分吸取教训，持续学习提升

组织决策能力如何提升

统一原则：面临冲突，如何取舍

独特方法：告别 PPT，深度思考

亲自践行：率先垂范，行胜于言

生存，还是毁灭，这是一个问题。

选择决策，不仅对莎翁笔下的哈姆雷特王子是极其痛苦的，对我们大多数人而言，也不容易。多少人生美好时光，无尽消磨于判断不清、犹豫不决、后悔不已。

当今时代，变化的速度和幅度都远超以往。这意味着，相较以往，当今时代对企业决策能力提出了更高的要求，尤其是决策速度。

数字时代，决策必须既好又快，重点在"快"

关键决策一旦慢了，市场窗口一旦错过，即便处于领军地位的头部企业，也会错过整整一个时代，甚至是一次错过，次次错过。

然而，在很多传统企业中，决策质量也许还好说，但决策速度实在太慢。对此,想必大家都有很多亲身经历,其间的郁闷、撮火、煎熬与无奈,现在回想起来,也许记忆犹新。

这是为什么呢?因为这些传统企业的组织层级较多,各部门常常各自为战,很多数据信息缺乏实时采集、统一管理,而且很难在各职能、各业务、各区域、各层级及各部门间打通。虽然这几年大家都在大力提倡"授权赋能、激活一线",但基层员工甚至不少中高层领导,都不了解业务经营的全貌。这样即便有决策权限,做出的决策往往也只是局部最优,而非全局最优。

在这样的体制、机制下,真正能看到全貌的,只有组织最高层的几位领导。于是,为保证决策质量,大事小情最终还得层层上报,由最高领导拍板。这样一来,决策速度自然就快不起来,授权赋能也只能是说说而已。

这种情况在传统企业中还是比较常见的,因为与数字时代的智能组织不同,传统组织设计的首要原则,本来就不是为了快速灵活,而是为了有效管控。

在决策机制方面,亚马逊让人钦佩的是,他们不仅做到了既快又好,而且形成了一套明确、具体、统一的决策原则和方法,这样一线团队就能做好决策,从而把授权赋能落到实处。亚马逊到底是怎么做的呢?

决策速度怎么提高

讲到决策,贝佐斯特别看重决策速度。正如亚马逊在其领导力准则中写的那样,"速度对业务,至关重要"。

决策分类:按性质不同,分成两类

在贝佐斯看来,很多传统企业决策速度慢的重要原因就是对决策没有分类,不管轻重缓急,都用一套耗时长、过程繁复的方式进行决策。为此,他按决策性质的不同,把决策分成了两类,并提出了不同的要求。

第一类决策是指结果影响巨大、事关生死且不可逆的**重大决策**。就像是单向门,一旦决定迈过这道门,就没有回头路。比如 2005 年,贝佐斯力排众议,以极度亏本价推出了 Prime 会员服务:一年 79 美元,无限包邮,两天到货。

第二类决策是指结果影响不大、过程可逆、可灵活调整的**常规决策**。就像是双向门,一旦决定迈过这道门,不

决策分类

1. 重大决策

    - 定义：事关生死的不可逆决策

    - 方法：挖掘真相，遗憾最小

2. 常规决策

    - 定义：影响小、可灵活调整的决策

    - 方法：大胆授权，数据支撑

行的话，还可以随时撤回来。比如某件商品，是否应暂时下架。

在设计决策机制时，对两类决策一定要区别对待。如果不加区分，都用第一类决策的方法，就会导致公司行动迟缓、不敢冒险、不敢尝试，从而难以创新突破；如果都用第二类决策的方法，那么只要在一个关键决策上犯下致命失误，公司可能就此不复存在。

决策授权：第二类决策，大胆授权

作为公司一把手或高管，面对第二类决策，要大胆授权给某个人或由某几个组成的小团队，大可不必亲力亲为。

无论多勤奋，多起早贪黑，每个人一天都只有 24 小时。随着业务规模的发展、组织规模的扩大，如果所有决策还都要由一把手或高管来做，早晚有一天，他们会成为组织快速发展的最大瓶颈。

不管授权给谁，都要确保这个人或这几个人能够把决策做好。有些企业，的确授权了，还成立了各种决策委员会，但由于没有相应的信息支持，没有明确的责任要求，也没有及时的指点帮助，这样的授权其实形同虚设。

授权给谁：谁具体负责，就谁决策

在有些企业中，决策授权时，权责并不对等：经常是能做主的，不负责；具体负责的，又做不了主。这样的授权，会造成风险收益不对等，即如果结果好，功劳往往记在做主的人的头上；如果结果不好，过错往往推给具体负责的人。

在亚马逊，**每个业务目标及每个衡量指标都有明确的责任人**。谁是责任人，谁就负责到底。如果某个指标出现异动，该责任人既有权利也有义务第一时间深入分析，找到问题，并加以解决。如果充分授权一线，反应速度、决策速度就快了。

决策速度快了，那质量怎么保证呢？亚马逊强大的数据指标系统及智能管理工具就是决策质量的有力支撑。各种数据不仅详细具体、实时全面，还有各种智能分析、智能工具，而且对责任人完全开放，以便随时调阅查询。

即便如此，也不能保证分析问题原因、制订解决方案所需的所有信息，都一定能百分之百齐备。那怎么办呢？贝佐斯鼓励大家，**在信息达到 70% 的情况下，就可以大胆决策**。即使原因分析或解决方案的确不能百分之百确定，他也鼓励大家大胆尝试，做个实验，低成本试错，实践出真知。

加快审批：从串联审批，改为并联审批

在亚马逊，第二类决策通常都可以自行做出；如果必须审批，也是一级审批。那需要多个职能部门共同把关的事，如第三方选择、合同审批之类的事，怎么办呢？

在很多企业中，这种需要多部门审批的事，往往流程漫长，关卡众多。如果想推动需要跨部门协作的事，比如某研发项目中的部分工作外包，那么平常不和各部门搞好关系，审批过程中不亲自去各部门"拜码头"，感觉通过审批简直是遥遥无期。

而且，一线做业务的人还会有种强烈的感觉：有些审批人员的心态往往是**"多一事，不如少一事"**，审批通过就意味着出了事自己也难辞其咎。

当然，人家位高权重，段位自然也是很高的，通常不至于立刻直接拒绝审批，但会提出各种问题、要求、规定，而且从各职能部门各司其职的角度看，都非常合情合理。最后的结果就是磨死你、拖死你。这么一来二去，做业务的也就知难而退，于是大家皆大欢喜。

对于审批慢这样的老大难问题，亚马逊是怎么解决的呢？

一是，既然有多个部门要参与，那就**从串联审批**（即一个部门批完，签转下一个部门）**改为并联审批**，各部门出一名代表，组成专项小组，各职能代表一起讨论，一趟搞定。

二是，亚马逊特别强调职能部门必须转换理念，职能部门的作用不是让业务做不成，而是大家一起想办法，在兼顾成本、风险等的前提下，怎么把业务做成、做好。

你会说，这有什么啊，我们公司的职能部门也都是这么表态的。但亚马逊做得更极致些，他们奉行的名言是，there is no "NO"，也就是说：

职能部门不能说不。如果有问题，责任在职能部门，职能部门得想办法解决，帮业务部门把事做成

常规决策：尽量数字化，智能决策

过去决策都得靠人。虽然有 IT 系统，也有数据分析，但最终决策还得人来做。企业在日常经营中，有些决策非常重要，也非常复杂，通常需要有几十年经验的"老法师"来坐镇把关。

对于零售业务来说，如何管理库存水平。一方面，为了保证供应，热销品种不能断货，库存水平不能太低，另一方面，为了提高资金周转速度、降低库存相关成本，库存水平也不能太高。如何平衡这对矛盾？

预测销售情况，需要对客户及市场有敏锐的洞察力；设定库存水平，需要对资金、运营、整条供应链的每个环节有精准的把握。这样的功力，不经过几十年的历练，如何修得来？在绝大多数企业中，**这样的顶级人才都是非常稀缺的，他们的时间和精力也是非常有限的**。这么多品类都得靠他们把关，决策速度难免会受到影响。

更何况亚马逊要做的是"万货商店"，服务着全球范围的几亿客户，规模如此巨大、品类如此复杂，库存管理得怎么做呢？

生于数字时代，是亚马逊的幸运。像库存管理这样的日常决策，亚马逊已积累了海量的历史数据，可以对客户偏好、季节性波动、不同供应商的补货速度等因素做全方位的研究与分析，再结合算法等**智能管理工具，就能做到自动分析、自动决策，以及决策后还能根据结果持续迭代，不断提高预

测决策准确度。

数字时代，日常性的、重复性的、有大量历史数据积累的类似常规决策都需要尽量数字化，让智能技术赋能经营决策，让决策既好又快，能持续迭代，且没有时间和精力的限制。规模越大，发展越快，优势就越大。

重大决策如何既好又快

前文谈到，为提高决策速度，需要对决策进行分类。对于结果影响不大且可逆的第二类决策，要充分授权，如果是日常性的、重复性的、有大量历史数据积累的常规决策，还要尽量数字化，实现自动决策。

那么，对于结果影响巨大且不可逆的第一类决策，应该怎么做，由谁来做呢？为了保证质量，是否必须牺牲速度呢？贝佐斯一向是出了名的高标准、严要求，对此他专门强调说："亚马逊高管团队致力于做到快速决策。"是的，即便是对事关重大的第一类决策，也要做到既好又快。

想把事情做好，首先要明确责任人。偌大的亚马逊，谁应该对第一类决策负责呢？

对此，贝佐斯非常清楚，这个责任人就是他自己。他曾说，自己就是首席决策官。在 2018 年的一次访谈中，贝佐斯说：**"高管的工作职责，就是做好为数不多的重大决策。"**

责任明确了，决策该怎么做呢？

挖掘真相：全面准确，不能有疏漏

在传统企业中，由于在各部门及各层级间的数据信息还没打通融合，领导决策时，还得依靠层层上报、层层汇总。这样经过各级加工的信息，在及时性上难免有滞后，在准确性上难免有偏颇，在完整性上难免有疏漏。如果决策依赖的信息输入存在巨大的漏洞，决策结果就肯定不会好。

最经典的例子，就是"挑战者号"失事。1986 年 1 月 28 日，美国"挑战者号"航天飞机在发射升空后 73 秒，发生了爆炸，机上七名宇航员全部遇难。这次失事的罪魁祸首是什么呢？

在事故调查中，美国著名物理学家、诺贝尔物理学奖获得者费曼教授发现，竟然是助推器的 O 形环密封圈。这种材料在低温下会变硬甚至断裂，而发射当天的温度已经到了零下。发射时，由于密封圈变硬失灵，于是燃料泄漏，造成了这次人类探索太空历史上的惨剧。

在随后的国会听证会上，为说明问题，费曼把一小截O形环密封圈，放入冰水中，稍后取出，竟然一敲就断了。

当时在场的所有人都惊诧不已，为什么这么显而易见、至关重要的事项，在做发射决策时没有得到充分重视呢？原因很简单，因为具体负责这件事，了解其中巨大安全隐患的工程师，并没有资格参加最后的决策过程。

基础真相存在显著漏洞，据此做出的决策就可能导致灾难。

谈到贝佐斯的过人之处，贝佐斯的左膀右臂、亚马逊前高管瑞克·达尔泽尔说："贝佐斯追求的是，时时刻刻，都能及时、准确、全面地掌握**'最佳真相'（Best Truth）**。"这貌似也没什么了不起的，但细细一想，这其实是非常难企及的极高境界。

如果没有像亚马逊这样强大的数据信息系统，如果没有像贝佐斯这样乐于深入细节、善于刨根问底、精于挖掘真相的性格能力，传统企业的一把手靠什么打破沿袭百年的管控模式，打破根深蒂固的部门割据，打破人性使然的趋利避害，**及时、准确、全面地掌握最佳真相呢？**

想象变化：放眼未来，想什么会变

除了要求时刻掌握最佳真相，贝佐斯还会放眼未来，主动思考在影响决策的关键要素中，哪些将来会发生巨大变化。他的思考方式是什么呢？

这里举例说明。2005年2月，亚马逊推出了Prime会员服务：一年79美元，无限包邮，两天到货。当时做这个决策时，贝佐斯完全是"一意孤行"○。几乎所有高管都反对，其中包括从苹果公司来的高管迭戈·皮亚琴蒂尼。

大家的反对是有理有据的。当时每单的快递成本为8美元，假定每位会员每年下20单，一年下来快递成本就高达160美元，远远超出了79美元。皮亚琴蒂尼说："每一次财务分析都表明，我们的两天内免费送货的服务，简直是头脑发昏。"

那为什么贝佐斯还能如此坚定不移呢？他真的是头脑发昏了，还是他有什么与众不同的洞见？因为**贝佐斯想问题的方式，不是静态的。他能放眼未来，看到别人没有想到但未来可能发生的变化。**

首先，一旦花钱成为会员，客户就会充分利用其会员福

○ 斯通. 一网打尽 [M]. 李晶，李静，译. 北京：中信出版社，2014.

利，因此他们在亚马逊平台上花的钱就会更多。这就好比去吃自助餐，怎么才能值回票价呢？人们通常会使劲吃，且吃最贵的。基于这样的人性，会员们就会多从亚马逊平台上买东西，就能促进业务增长，强化飞轮效应。

其次，上面分析的隐含假设是，每单8美元的快递成本将恒定不变。但在贝佐斯看来，这是一个变量。随着亚马逊业务规模的快速增长，对承运商的议价能力会迅速增强；随着数字技术的快速进步，运行效率会不断提升，单位成本会不断下降，假以时日，放眼长远，这一定不是赔钱的买卖。

事实证明，贝佐斯是对的。自推出以来，Prime会员服务成了亚马逊业务增长的重要引擎。截至2018年底，亚马逊的全球会员已超过1亿。亚马逊会员的平均花费是非会员的2.7倍，而且会员业务已经盈利，扣除各种直接费用的利润率已达19%[⊖]。

反对一团和气：不同观点，激烈碰撞

贝佐斯深知，每个人都有自己的认知偏见，如果为了表

⊖ 数据来源于摩根士丹利的研究。

面和谐，妨碍了不同观点的坦诚表达，必然会影响最终的决策质量。因此，他鼓励，更是要求，别人挑战他的想法。

在贝佐斯看来：

高质量的讨论，必须有全新想法的涌现，必须有不同观点的交锋，甚至是激烈碰撞

真理不辩不明。

在亚马逊，团队精神绝不是人云亦云，随声附和，貌似一团和气，实则各有心思。亚马逊领导力准则对此有明确的要求："**领导者必须能够不卑不亢地质疑他们无法苟同的决策，哪怕这样做让人心烦意乱，精疲力竭。**领导者要信念坚定，矢志不渝，不要为了保持一团和气而屈就妥协。"

面对贝佐斯、面对高管，坦诚直接地发表不同观点，不仅是对公司、客户、股东的责任，也会有助于赢得大家的尊重，有助于自己的职业发展。

很多企业也鼓励员工发表不同意见，但如果一把手及高管不能以身作则，不能赢得下属的信任，估计没人会真的实话实说。

不必全体同意：保留己见，服从大局

能全票通过固然好，但如果事事都得等所有人都同意后再办，恐怕不仅决策速度会很慢，而且很多事会因为卡在一两个人身上而无法推进。在很多企业中，解决之道就是耗，就看最后谁能耗得过谁。遇到这种情况，亚马逊怎么打破僵局并快速推进呢？

在2016年致股东的信中，贝佐斯建议说，不妨试试"保留己见，服从大局"。此话虽短，但作用巨大，能为大家节省很多时间。

"比如，如果你对某个方向有信心，即使没有达成共识，你也可以说：'看，我知道咱俩对此意见不一，但你愿意和我赌一把吗？保留己见，服从大局？'"

当然这并非只针对下属，单向地要求下属服从大局。其实领导自己更应当以身作则。贝佐斯就举了个自己的例子：

"最近亚马逊影业开拍了一部原创剧。我告诉团队我的观点：不管它是否够有趣，制作过程是否复杂，业务条款好不好……这些细节都可以再讨论，关键是我们还有很多其他机会,未必非得拍这个剧。而他们的态度完全不同,希望继续向前推动。于是我立刻回复,'我保留意见,服从大局,并希望它成为我们制作过的最具可看性的节目'。

请想一想,如果团队得到的不是一个简单的承诺,而是需要花大力气来说服我,这个决策周期会有多漫长?"

遗憾最小模型:人生苦短,少留遗憾

每当面对决定命运但又充满不确定性的重大决策,必须做出最终选择时,贝佐斯都会问自己:如果到人生尽头,比如80岁、90岁,回望自己的一生,今天怎么做,那时的遗憾会最小。

在2018年的一次访谈中,贝佐斯解释说:"无论是在个人生活中,还是在企业经营上,我做过的最好的决策,都靠用心。当然这不是说分析不重要,能分析的,当然要做好分析再决策。但人生中最重要的决定,往往不是靠分析能解决的。最终决定的那一刻,凭直觉、凭勇气……每当这时,我都会想,如果在人生的尽头,就少给自己留有遗憾。其实,

贝佐斯认为

- 人生最重要的决定,往往不是靠分析

- 最终决定的那一刻,需要凭直觉,凭勇气

- 人生最大的遗憾是错过,究竟怎么做,才能让人生遗憾最小

人生最大的遗憾是错过，错过些原本有机会却没有去做的事。这样的错过，才会让人年老之时难以释怀。"

也许这就是为什么在 25 年前贝佐斯毅然决然地辞去了在华尔街前途似锦的高薪工作，连年终奖都没等，就开始了探索互联网的未知旅程。想必他到 80 岁，一定会为自己当年的这个决定深感欣慰。

万一决策失误：充分吸取教训，持续学习提升

早在 1997 年第一封致股东的信中，贝佐斯就旗帜鲜明地提出："在面对那些能够创造长期市场优势且把握性很大的机会时，我们会继续坚持大胆投入。即便把握性很大，但结果也不可能每次都成功。然而无论成功还是失败，我们都能从中获得弥足珍贵的学习提升。"

在亚马逊，一次失败，一次错误，通常并不意味着职业生涯的终结，但贝佐斯会确保，真的从失败中吸取了教训。

亚马逊的复盘，会聚焦于因。比如，做这个决定时，考虑过哪些原因，有没有什么疏漏？又如，在某些关键要素的判断上，有没有什么偏颇？如果有，为什么会出这样的偏颇？哪些当初的美好假设，事后被证明是过于乐观的，为什

么会过于乐观？

此外，过程中积累的能力，也是重要的收获。历经多年重金打造的亚马逊 Fire 手机，虽然遭遇了惨败，但在手机开发过程中积累的能力、经验以及团队有力地帮助了亚马逊更快、更成功地推出 Echo 智能音箱及 Alexa 智能语音平台。

组织决策能力如何提升

说到底，决策是一种选择。难的不是在对与错、好与坏之间做选择，难的是在对与对、好与好之间做选择。所以贝佐斯说："决定人生的，就是你的选择。你做什么选择，就会拥有什么样的人生。"㊀

那么究竟该怎么选择呢？如果放任不管，每个人恐怕都有自己的偏好和取舍。但一家企业必须按照统一的原则和方法进行决策，这样才能形成合力。

在很多传统企业中，为保证决策的一致性，往往是把决策权集中。这样做，决策原则是统一了，但决策速度肯定会受影响。

㊀ 贝佐斯 2010 年在普林斯顿大学毕业典礼上的演讲。

那么决策能力怎么实现规模化呢？如何保证基层人员也能掌握统一的决策原则和方法并贯彻到位？

统一原则：面临冲突，如何取舍

亚马逊的决策原则是什么？尤其是在面临冲突时，在对与对、好与好之间，究竟该如何取舍？早在1997年第一封致股东的信中，贝佐斯就把亚马逊的管理及决策方法明确无误地写了下来：

> "基于我们对长期主义的强调，我们决策取舍的方法会有别于其他一些企业。为此，我们把自己秉承的基本管理及决策方法明示如下，希望这样的坦诚沟通，能有助于您（指的是股东）更好地了解我们，然后在充分了解的基础上，判断并确认双方的理念是否契合。
> - 我们会继续坚持痴迷客户[⊖]。
> - 在决策取舍时，我们会继续坚持优先考虑长期市场领导地位，而不是短期盈利或短期股价表现。

⊖ 本书作者认为"痴迷客户"是对 Customer Obsession 更为精准贴切的表述，书中会沿用这个表述。

- 在投资过程中，我们会继续坚持项目评估、动态优化，并从成功和失败中汲取经验教训。对不能达到回报要求的，我们要果断叫停，对运作良好前景巨大的，要追加投资。
- 在面对那些能够创造长期市场优势且把握性很大的机会时，我们会继续坚持大胆投入。即便把握性很大，但结果也不可能每次都成功。然而无论是成功还是失败，我们都能从中获得弥足珍贵的学习提升。
- 如果必须在当期盈利（体现在企业财务报表中）和长期价值（体现在企业未来现金流折现值中）之间做出取舍，我们会继续坚持选择长期价值，即现金流。
- 在做大胆的投资决策时，我们会在保密要求允许的范围内，把背后的战略思考过程分享给您，以便您评估判断这样的大胆投入是否合理，是否真正有利于我们构建长期市场优势。
- 我们会继续坚持勤俭节约。我们深刻懂得持续精简开支、强化成本控制的重要性，尤其是现在公司业务还处于亏损的状态。

- 我们力求在业务增长与长期盈利及资金管理之间实现均衡发展。但在现阶段,我们会优先考虑业务增长,因为基于我们的商业模式,规模是创造长期价值的核心基础,对此我们坚信不疑。

- 我们深知,企业成败的关键在于人,因此在人才招募上,我们会继续坚持招募有多种能力、才华出众且真正有主人翁精神的优秀人才;在薪酬结构上,我们会继续坚持侧重股权激励,而非现金薪酬。真正成为公司股东,有利于激发员工的积极性和发自内心的主人翁责任感。"

做好决策很难,把决策原则梳理清楚更难。但像贝佐斯这样,从一开始就把取舍原则制定清楚并公之于众,之后连续二十多年坚定不移,实属难得。也许正是因为这样的长期主义及这样的坚定不移,贝佐斯与客户、员工、投资者才建立了深厚的信任关系。

更重要的是,把决策原则清晰无误地写下来,是决策能力规模化的前提。只有诉诸文字,才可能大规模地学习、理解与传承，才可能让每位亚马逊员工准确理解决策取舍的内在逻辑，才可能在需要决策时做出正确的选择。

独特方法：告别 PPT，深度思考

亚马逊在决策时有个非常独特的方法，就是写"六页纸叙述文"，而且在会议开始时，没有人一页页地讲，而是每个人自己读。这是什么独门秘籍呢？

2004 年 6 月 9 日，企业管理方法上的一项绝妙创新诞生了。那天贝佐斯发了封邮件，标题就是"以后亚马逊高管会，**不允许再用 PPT**"。会议上各种罗列要点的变通方式，也都被禁止。取而代之的是用完整的句子写成叙述文，长度不超过六页。

```
From: Bezos, Jeff [mailto:
Sent: Wednesday, June 09, 2004 6:02 PM
To:
Subject: Re: No powerpoint presentations from now on at steam

A little more to help with the question "why."

Well structured, narrative text is what we're after rather than just text. If someone builds a list of bullet points in word, that would be just as bad as powerpoint.

The reason writing a good 4 page memo is harder than "writing" a 20 page powerpoint is because the narrative structure of a good memo forces better thought and better understanding of what's more important than what, and how things are related.

Powerpoint-style presentations somehow give permission to gloss over ideas, flatten out any sense of relative importance, and ignore the interconnectedness of ideas.
```

读到这里，你会不会觉得，两者之间的区别似乎也不大吧。其实这么想，也在情理之中，尤其是现在，PPT 似乎成

怎样确保深度思考?

- 告别 PPT

- 改写叙述文

了商业世界的第二种语言。有的公司甚至为做 PPT，设置了独立的专职部门。

但贝佐斯可不是心血来潮，他这么做绝对是认真的。这是为什么呢？因为他发现，人们**只写要点时，思考往往浮于表面**。前因后果是什么，内在逻辑是什么，都得靠现场讲。结果是，讲的人轻松，但听的人很难真正理解，之后再看，仍然不知所云。

然而，**如果要求用完整的句子，写成叙述文**，就会迫使大家深入思考，把前因后果、内在逻辑、轻重缓急等关键问题先想清楚，然后再写清楚。这样做，**思路才能更清晰，思考才能更深入**。

此外，开会讨论时，也不需要讲，每个人按照自己的阅读节奏、自己的认知模式，自己读就好。为什么不讲呢？贝佐斯也有自己的思考。他说，高管们很难一言不发地听别人讲完，经常会在中间打断别人。有时他们提的问题，其实后面就有回答，只是暂时还没讲到。既然每个人的认知方式和节奏都不一样，不如让大家默读，有问题记在一边，等大家都看完了，再一起讨论。

亚马逊的方法，的确很独特吧？

写几条要点,也许花不了多少时间;**但完成高质量的六页纸叙述文,绝非易事**。在 2017 年致股东的信中,贝佐斯说:

"有人错误地认为,在一两天甚至几个小时内就能完成一篇高质量的六页纸叙述文。其实,这事很可能需要一周,甚至更长的时间……写高质量的记叙文,需要与人讨论,需要反复修改;写完了一稿要放两天,之后再看会有新的视角。一两天,是肯定不够的。"

很多曾在亚马逊工作过的人对当年写叙述文的经历记忆犹新。很多日日夜夜,包括周末加班,忙的就是这件事。

亚马逊这么大的组织,这么多人,投入这么多时间和精力来写六页纸叙述文,是否值得呢?

从贝佐斯自己 15 年来的不懈坚持,从亚马逊离职员工对此的深深怀念,从亚马逊高管加入其他公司后仍纷纷借鉴,你就能感受到这个方法的独特魅力。

决策能力的培养与提升,需要不断练习。每一次写六页纸叙述文,每一次开会讨论,每一次做出决策,都是一次练习。把练习的过程写下来,不仅有利于参与其中的人事后复盘,积累经验,还有利于没有参加其中的人学习借鉴,快速吸收别人的经验教训。

这样的实战练习,这样的集体学习,这样的持续迭代,不正是亚马逊实现决策能力规模化的重要方法吗?

亲自践行:率先垂范,行胜于言

有了清晰的取舍原则,有了独特的决策方法,如何确保严格执行,在每次决策时,都坚持遵循这样的原则和方法呢?

想要别人做到,先从自己开始,率先垂范,亲自践行。**行胜于言,自己做到了,别人才会相信,才会向你学习,才会同样去做。**

2010 年,贝佐斯注意到,有些浏览过性健康润滑剂产品却没有下单购买的客户,会收到亚马逊发来的个性化营销邮件,向其推荐类似的相关产品。贝佐斯为此勃然大怒,并立即召开会议,要求全球零售业务负责人杰夫·维尔克及时任全球营销副总史蒂文·舒尔(Steven Shure)参加。

贝佐斯认为,这样的营销邮件会让客户感到尴尬,应当全面叫停。他对舒尔说:"不用发这样的邮件,我们也能做到收入过千亿。"当时贝佐斯的确非常生气,说这句话时,还咒骂了几句。

前面讲到亚马逊鼓励不同观点得以表达,相信在激烈的碰撞交锋中,真理才能最终浮现。在那个会议上,大家也发表了不同意见:对于这些性健康用品,超市药店都卖,不算什么特别让人尴尬的东西,而且这些邮件每年能为公司业绩做出巨大贡献,为什么要砍掉呢?

但贝佐斯毫不退让,因为在他看来:

只要损害客户对亚马逊的长期信任,即便能赚再多钱,也必须砍掉

这就是贝佐斯的决策原则。在那一刻,他给所有人都上了一课——什么叫痴迷客户,什么叫长期主义,什么叫不优先考虑短期盈利。**贝佐斯的决策,就是最好的答案**。

※ ※ ※

在决策机制方面,亚马逊在重视决策质量的同时,更强调决策速度,不仅做到了既快又好,而且形成了一套明确具体的决策原则和方法,这样一线团队能按统一要求做好决策,从而把授权赋能落到实处,确保创新引擎的高效运转。

我们要看到的是,这样的决策机制并非空中楼阁,需要建立在三个基础上:一是正确的人,二是有力的数据支撑,三是强大的组织文化保障。

关于如何选人用人,如何建立数据支撑,前文已进行深入探讨,那么亚马逊如何打造组织文化呢?请看**模块 6,组织文化:坚决反熵,始终创业**。

模块 6

组织文化：坚决反熵，始终创业

· 亚马逊管理体系 ·

亚马逊坚决反熵，强调始终创业，永远都是第一天，即无论公司发展多快、规模多大、实力多强、市值多高，都要像创业第一天一样，快速灵活、持续迭代。

为何强调"第一天"

事关公司生死存亡：坚持与熵增做斗争

事关超越客户预期：永不满足是神圣的

如何防范"第二天"

四条初级版建议：真正痴迷客户、抵制形式主义、拥抱外部趋势、提高决策速度

三条高级版建议：消灭骄傲自满、消灭官僚主义、重新定义负责

如何打造"第一天"的组织文化

明确具体定义：从口号到具体行为

设计落地方法：从理念到日常工作

做到以身作则：在每个决策中践行

赋予特殊意义：在独创奖项中强化

贝佐斯对客户的痴迷，尽人皆知。每次公开演讲、接受采访、召开内部会议，他几乎都会提到亚马逊矢志不渝地聚焦客户、痴迷客户，不仅要让客户满意，还要给客户惊喜。除了客户，还有其他事能让贝佐斯同样痴迷，花时间不断思考，花心思反复琢磨吗？

答案就是**企业文化**。

无论是在西雅图公司总部，还是去遍布各地的履约中心，贝佐斯都会留些时间四处走走，随便看看。这可不是什么闲庭信步，而是所有感官都全面启动，细致观察。他要做的是提升见微知著的能力，即从貌似微不足道的细枝末节中，洞见亚马逊这一庞大组织在企业文化上存在的系统性漏洞。一旦发现问题，他就会像剥洋葱一样，层层深入、步步逼近，直到发现问题的根本原因，找到彻底的解决方案为止。

那么贝佐斯希望自己一手创建的组织长成什么样子呢?

如果你认真通读自 1997 年以来贝佐斯写的每一封致股东的信,你会发现在这 22 封信中,"第一天"这个词,出现了 22 次。过去 10 年,其结尾惊人地一致,最后一句都是:

"我们还是第一天。"㊀

如果你去亚马逊的西雅图总部,你就会发现有幢名叫"第一天"的办公楼,这就是贝佐斯的办公室所在。这是亚马逊的新总部,当年搬家时贝佐斯特意把"第一天"的名牌也带了过来。上面刻着:

"还有很多事物,有待发明;还有很多创新,有待发生。"㊁

贝佐斯此举,用心良苦。他是在用实际行动,提醒自己并告诫所有人:亚马逊永远都是第一天。无论公司发展多快、规模多大、实力多强、市值多高,都要**像创业第一天一样,快速灵活,持续迭代**。

㊀ 贝佐斯的原文为"It's still Day 1 (2009–2015); It remains Day 1 (2016–2018)"。
㊁ 原文为"There's so much stuff that has yet to be invented. There's so much new that's going to happen"。

企业文化千万种，为什么贝佐斯对"第一天"如此情有独钟，如此不遗余力、不厌其烦地对内对外反复强调呢？

为何强调"第一天"

创业之初，创始人自己通常都是身兼数职，从业务创意到设计打磨、交付体系、营销获客、找人招人，再到财务融资，方方面面，林林总总，几乎都是亲力亲为。

如果幸运，公司业务能发展起来，创始人很快就会发现，公司光靠自己或几个兄弟是做不大的，必须开始带团队、建组织。刚开始，人不多，业务也比较简单，组织效率通常还是很高的，快速灵活也都不在话下。大家敢想敢干，尽显英雄本色。

但随着业务的快速发展，人越来越多，部门越来越多，层级越来越多，组织变得越来越复杂、越来越深不可测了。此时大家最直接的感受是如张一鸣说的"**跑着跑着，就跑不动了**"。所谓大公司病，如流程复杂、行动迟缓、组织僵化，也渐渐滋生蔓延开来。

自小热爱物理，立志要当理论物理学家的贝佐斯，借用了物理学中"熵"的概念，描述这种情况。

热力学第二定理，又称熵增定律，即在一个封闭系统中，热量从高温物体流向低温物体是一个不可逆的过程。在这一过程中，系统没能和外界产生能量交换，导致整个系统的熵值不断增加。达到一定的高温临界点后，等待系统的将是灭亡。

这是一个令人细想起来就觉得很恐怖的自然规律。也就是说，**一切事物发展的自然倾向，都是从有序走向无序，直至最终灭亡。**

这个规律不仅适用于自然现象，也适用于企业管理。就像华为创始人任正非一语道破的那样：企业在取得了一定的成绩后，上至管理层，下至普通员工，都容易头脑发热、骄傲自满，由此形成封闭的"熵增"系统，一步步走向灭亡，即"熵死"。为此，2017年9月，华为总裁办发布了《华为之熵　光明之矢》的公司内部学习邮件，系统阐述了任正非对"熵增"与"熵减"的思考。

对此，贝佐斯也有深刻认识。早在1998年，他就旗帜鲜明地提出：

> "我们致力于与熵增做斗争。我们追求的标准必须持续提升。"

从企业家思考的角度看，"熵"这个概念是极具穿透性的，能够透过事物繁杂多变的表象，精准把握世事变迁的本质。但从企业文化建设的角度看，"熵"这个概念对大多数人来说，还是太高大上了点儿。怎样用最简单直接、最形象生动的方式，阐述如此深刻的理念及内涵呢？

真正的大师，大道至简，贝佐斯用的就是"第一天"。

事关公司生死存亡：坚持与熵增做斗争

读到这里，也许有人会心存疑惑：第一天有这么重要吗，为什么非得强调永远都是第一天呢？第二天又怎么样了呢？这样的疑惑合情合理，的确很有代表性。事实上，在亚马逊的一次全员大会上就有人问了贝佐斯这个问题。

贝佐斯不这么认为。在他看来，**永远都是第一天，是关乎亚马逊生死存亡的大事。**他说：

"第二天是停滞不前，接着就会被边缘化，跟着会陷入衰退，令人极为痛苦的衰退，最终就会灭亡。这就是为什么我们必须永远都是第一天。"

因为只要有第二天，就会有第三天，企业就会沿着熵增的方向，走上一条万劫不复的不归路。很多曾经如日中天，曾经让全球企业向其学习的标杆企业都折戟于此，如柯达以及近两年尤为让人唏嘘不已的通用电气。

只有对此保持高度警惕，只有坚持不懈地与熵增做斗争，才有可能逃脱熵增的必然性。

事关超越客户预期：永不满足是神圣的

在模块4创新引擎中，我们介绍了贝佐斯特别热爱客户的原因之一是客户的永不满足。无论企业做得多好，客户的期待都会持续提升：今天的惊喜激动，很快就会沦为明天的稀松平常。没有好坏对错，人性使然。

永不满足，不仅是客户对企业的要求，更是贝佐斯对自己、对亚马逊的要求。只有**将这样的"永不满足"奉为"神圣"**，才能形成真正发自内心的坚定信念，才能支撑持续不断地迭代提升，才能坚持不懈地与熵增做斗争。

如何防范"第二天"

如果放任自流,企业组织就会自然熵增,在不知不觉中走上"第二天"的不归路。面对无处不在的各种陷阱、无孔不入的各种威胁,我们应该从何入手,提高警惕、严加防范呢?

四条初级版建议

既然是事关亚马逊生死存亡的大事,贝佐斯对此肯定做了深度思考。我们不妨从他在 2015 年致股东的信中提到的四条初级版建议入手:

- 真正痴迷客户。
- 抵制形式主义。
- 拥抱外部趋势。
- 提高决策速度。

真正痴迷客户:持续为客户创造惊喜

什么是亚马逊的第一原则?答案就是"痴迷客户"。在贝佐斯看来，这是保证组织永葆第一天活力的重要保证。

如果每位亚马逊人都能痴迷客户，都能把客户的永不满足视为神圣，都能把持续让客户满意、持续给客户惊喜作为己任，那么大家就会自觉地不断持续提升现有的产品、服务及体验，自发地想象创造全新的产品、服务及体验，就会在过程中像贝佐斯一样，反复实验新想法，不断打磨新创意，耐心培育新业务。

真正痴迷客户，**让客户神圣的永不满足，激发出每个人内心的永不满足**，进而营造出企业中永不满足的组织氛围，并逐步强化沉淀为永不满足的组织基因。这样的组织氛围及组织基因，是防范企业落入第二天陷阱的坚实基础。

抵制形式主义：时刻警醒，坚决防范

随着业务的发展，人越来越多，部门越来越多，层级越来越多，内部管理通常就会变得越来越复杂，导致各种形式主义的繁文缛节，不断滋生蔓延。

比如很多企业的管理流程，初衷本应是服务业务、服务客户，但在实际工作中，往往成了妨碍业务快速推进、损害客户体验的症结所在。有些规章制度及管理流程，甚至复杂

到连业务主管都搞不清的程度，使得想做业务在各相关部门要经过纷繁复杂的程序。

在大型传统企业中，这种现象很普遍，几乎司空见惯。在贝佐斯看来：

"司空见惯"才是最危险的

亚马逊必须时刻警醒，必须坚决抵制形式主义。

拥抱外部趋势：敏锐洞察，灵活调整

贝佐斯认为，陷入第二天陷阱的企业，往往对外部变化缺乏警觉性，既不能敏锐地捕捉变化的征兆，也不能快速判断变化的趋势，因此更无法从变化中发现新的发展机会，也就无法灵活调整业务战略、人员安排及资源配置。

面对扑面而来的数字时代，这些企业中的部分高管还会抱着以不变应万变的心态，似乎只要对变化视而不见，过去熟悉的静好岁月就能永远延续下去。

面对数字技术，如大数据、机器学习及人工智能等，他们会质疑这些技术究竟能为现有业务创造什么价值，投入这么多人力和物力，投资回报究竟能有多少。鉴于技术应用及

业务发展的各种不确定性，他们通常很难做出精准预测，于是很多创新创意就会在他们的反复质疑中付诸东流。

对于他们，也许这样最好，这样他们就能在往日荣光中继续辉煌，直到断崖式崩盘最终发生的一刻。

提高决策速度：两类决策，不同方法

上一章已深入分析了亚马逊的决策机制，在此不再赘述。其中最核心的关键就在于，对大事小情不能搞一刀切，要清晰区分哪些是真正决定未来命运、一旦做出便无法回头的关键决策，哪些是即便失误也能灵活调整的常规决策。

对于能够灵活调整的常规决策，重点在于提高决策速度，比如，该授权的要充分授权，谁负责谁决策；在确实需要审批时，实行一级审批，或把相关部门集中起来，将过去过程冗长的串联审批改为可一次完成的并联审批；大胆借助数字技术，把一些重复性的常规决策自动化、智能化。

三条高级版建议

上面四条只是防范"第二天"陷阱的初级版，做到了也只能算是刚入门。那么，什么是高级版建议呢？贝佐斯在致

股东的信里没说。认真研究贝佐斯的言行，我们认为，高级版建议有三条：

- 消灭骄傲自满。
- 消灭官僚主义。
- 重新定义负责。

消灭骄傲自满：提高标准，倒逼进步

永不满足是贝佐斯热爱客户的原因；永不满足，也是他对自己的要求。正是这样神圣的永不满足，驱动着他坚持不懈地永远向前。

无论做什么，贝佐斯都要做到：人无我有，人有我优。他心目中的"优"，绝不是似有还无的微弱优势，而是**远远超出当前水平的显著优势**。他心目中的"成功"，不仅要赢，还要赢得漂亮，赢得让自己觉得骄傲自豪。

贝佐斯对持续提升的不懈努力，是发自内心的永不满足，是深深印刻在骨子里的坚定追求。这种追求是他对自己的要求，也是对亚马逊的要求。

亚马逊前高管罗斯曼说："**贝佐斯最痛恨、最害怕的就**

是骄傲自满。"贝佐斯最担心的是，随着公司的发展壮大，大家会被成功冲昏头脑，骄傲自满之情会滋生蔓延，亚马逊会在一片赞歌中"迷失了创业的初心，丧失了冒险的勇气，丢失了对极高标准的不懈坚持"。贝佐斯警告说，如果不严加防范，亚马逊就会落入"第二天"的陷阱，就会江河日下，最终走向灭亡。

如何消灭骄傲自满呢？亚马逊的方式，就是**不断提高要求，倒逼组织进步**。

这貌似没什么技术含量啊，这个道理谁不知道，但亚马逊令人肃然起敬的不是知道我们所不知道的武功秘籍，而是他们把我们都知道的基本方法真正付诸实践，不仅做了，而且做到了极致，做到了整个组织无死角。

在亚马逊，每年做年度规划时，都必须制订**提升计划**。比如，做同样的事，怎样可以更高效；再如，为了更好地服务客户，给客户惊喜，还有哪些创新创意。这样的要求，不仅适用于高管，也适用于普通员工。

在模块2人才招募中我们已经介绍过，亚马逊在招聘过程中有个特殊的角色——**"把关人"**。其英文原文就是Bar Raiser，直译过来就是提高标准的人。顾名思义，把关人的重要职责之一，就是不断提高亚马逊的人才标准，确保整体人才水平的持续提升。

在没有竞争压力时也**主动降价**是亚马逊独特的倒逼机制之一。贝佐斯在 2015 年致股东的信中谈到，自 2006 年推出以来，亚马逊云服务（AWS）已主动降价 51 次，而且很多时候并不是出于竞争压力。为什么要这么做？为什么要与唾手可得的利润为敌？

除了亚马逊一贯坚持的为客户创造惊喜、创造价值，与客户建立长期持续的信任关系之外，还有一个重要的考虑，就是要倒逼自己，不断提升经营效率，不断推出性价比更高的创新服务。要知道亚马逊云服务在最初长达 7 年的时间里，都没有真正的竞争对手。

太容易挣的钱，太容易让人骄傲自满，让人丧失斗志。

消灭官僚主义：没人，没钱，没机会

贝佐斯极其厌恶官僚主义，而且真正优秀的一流人才也都非常厌恶官僚主义。

既然如此，为什么官僚主义还能长盛不衰呢？正所谓存在的就是合理的，既然有人非常讨厌它，就会有人非常喜欢它。在官僚主义的有力庇护下，一些能力有限、业绩寥寥的平庸之辈反倒可以大行其道，身居各种要职，手握各种资源，对什么事情似乎都可以发表意见，但对什么结果都可以不负责任。

如果对此不高度警惕，官僚主义一旦生根就难以铲除。首先流失的，必然是一流人才。他们从来不缺机会，他们会用脚投票，另谋高就。于是，公司就会迅速陷入"第二天"的深渊。

如何消灭官僚主义？贝佐斯有三条"独门心法"，在此分享给大家。

控制编制 在亚马逊，与创造更好的客户体验直接相关的人，如程序员、工程师、客服人员等，被称为直接人员，其余的统统是**非直接人员**（indirect headcount）。对于非直接人员，编制控制得很严。亚马逊对中层管理岗位的控制尤为严格，因为贝佐斯认为很多平庸之辈常常藏匿于此。

控制费用 与很多高科技公司不同，亚马逊以极其节俭著称。"勤俭节约"是亚马逊自创办以来就坚持的价值观，而且现在还是亚马逊的领导力原则之一（详见附录B）。想在这里有任何铺张浪费，实在是连门儿都没有。

创业初期的确艰难,现在亚马逊一年的净利润已高达100亿美元,为什么还坚持这么抠门呢?原因有很多,但其中非常重要的一条就是,让人浮于事的官僚主义无处藏身。

简化流程　　没有规矩,不成方圆。贝佐斯也认为,没有好的流程,就无法快速扩张。那么,如何区分什么是官僚主义,什么是好的流程呢?亚马逊前高管罗斯曼总结了以下六条判断标准:

- 有些规定,无法解释清楚。
- 有些规定,不符合服务客户的初衷。
- 提出合理的问题,无法得到满意的回答。
- 遇到有争议的问题,不允许提交上级快速解决。
- 涉及协同要求,没有明确的服务标准及响应时间。
- 有些规定,根本就不合理。

如果存在上述现象,就需要仔细分析现有的流程规定,认真思考如何简化、优化。

重新定义负责:无论风雨,使命必达

说起负责,当业绩目标没有达成时,经常会上演相互指

责、相互推脱的大戏。

比如，新产品销售远低于预期，销售部门会抱怨研发部门的产品设计得太差，根本不是客户想要的；研发部门会抱怨销售部门不了解客户需求，当初给的产品定义就不对。

再如，出现断货时，销售部门会指责生产部门不给力，产品卖得这么好，怎么就不能加班加点一下呢；生产部门会指责销售部门给的销售预测与实际相距甚远，根本就不准，也会指责研发部门在设计产品时，在关键零部件供货保障方面欠考虑。

这样的场景想必大家都不陌生。有时，**内部协同比外部合作还难**。刚开始的时候，老大发话，通常还都能解决，后来会发展到连老大拍桌子都不管用了。

有人把内部协同戏称为世纪难题，为什么呢？因为有职责分工，协同是必须的；但就是因为有职责分工，协同注定会是痛苦的。

为此，大家试过许多种方法，最常见的有：明确分工，各司其职；组建跨部门的委员会，或创建相关部门共同参加的联席工作会议；为相关各方设计共担指标、共享激励，绑定各方利益等。经过实践检验，这些方法或多或少都有帮助，但似乎无法从根本上解决问题。

贝佐斯不是神，他与我们一样，在内部协同方面，也遇到过很多问题，经历过很多痛苦，发过火，也骂过人。但与我们不同的是，在发火、骂人之后，他能够静下心来，看到问题的本质，找到根本性的破解之道。

经过苦思冥想，贝佐斯在2003年找到了答案，这就是"重新定义负责"。在那年的一次高管会上，他把自己总结的三步法，告诉了大家：

1. **自力更生**：凡是达成目标必需的相关职能，尽可能拉进项目组，力求不依赖别人。

2. **明确要求**：凡是不能拉进项目组的，即便是内部协同，也要像管理外部合作方一样，明确具体交付要求，达成共识、承诺一致。

3. **得有备手**：凡是需要在项目组之外进行协同的，都得有后备方案，确保万一对方不能如约交付时，也能完成工作，达成目标。

这就是贝佐斯定义的"负责"，**这才是对结果负责，是真正的负全责**，即无论风雨，使命必达。

重新定义负责

1. 自力更生　凡是达成目标必需的相关职能,尽可能拉进项目组,力求不依赖别人。

2. 明确要求　凡是不能拉进项目组的,即便是内部协同,也要像管理外部合作方一样,明确具体交付要求,达成共识、承诺一致。

3. 得有备手　凡是需要在项目组之外进行协同的,都得有后备方案,确保即使对方不能如约交付,我方也能完成工作,达成目标。

这对每个人,尤其是项目负责人,提出了极高的要求。没有极强的责任心,没有对每个关键细节的深度把握,没有对工作成果极高标准的不懈追求,这是无法做到的。

亚马逊为什么能做到?其中最关键的一点在于,他们聚焦于因,他们懂得**只有对的"因",才能实现好的"果"**。

为此,他们在识人用人、指标数据体系、数字智能工具等方面下足了功夫。只有把正确的人、精准的数据、智能的工具集成在一起,才有可能达到贝佐斯要求的"负责",才有可能做到常人所不能及。

回到当年,贝佐斯可能万万想不到,他重新定义负责的重大意义:此举不仅从根本上解决了内部协同的世纪难题,还在无意间培育了亚马逊云服务(AWS),这个帮助亚马逊一举成为可以比肩微软、谷歌的高科技企业,全球市场份额始终保持第一,每年能为公司贡献一半以上营业利润的增长引擎。

如何打造"第一天"的组织文化

大家都知道,企业文化一旦形成,就会像 DNA 一样,成为底层的组织心智,长期、持续且很难改变。既然企业文化如此重要,应该如何定义,如何打造呢?

明确具体定义：从口号到具体行为

企业文化通常根植于企业创立之初，深受创始人及核心创始团队的影响。发展过程中的关键决策、成功失败以及对人的选用育留和激励奖惩，都对企业文化的塑造产生深远的影响。随着业务的不断发展，组织的不断壮大，企业文化也会随之演化，变得更丰富，更符合时代的要求。

亚马逊企业文化的形成也是这样，也是不断丰富发展的结果。1998年时，亚马逊倡导的价值观有五条：痴迷客户（Customer Obsession）、勤俭节约（Frugality）、崇尚行动（Bias for Action）、主人翁精神（Ownership）、对人才坚持高标准严要求（High Bar for Talent）。后来加了创新（Innovation）㊀。

今天亚马逊的企业文化，体现为14条领导力准则㊁：

1. Customer Obsession：痴迷客户㊂。

2. Ownership：主人翁精神。

3. Invent and Simplify：创新与简化。

㊀ 斯通. 一网打尽［M］. 李晶，李静，译. 北京：中信出版社，2014.
㊁ 亚马逊中文官网 https://www.amazon.jobs/zh/principles，详见附录B"亚马逊的14条领导力准则"。
㊂ 亚马逊中文官网的翻译为"客户至尚"，但作者认为"痴迷客户"是对 customer obsession 更为精准贴切的翻译，书中会沿用这个表述。

4. Are Right, A Lot：决策正确。

5. Learn and Be Curious：好奇求知。

6. Hire and Develop the Best：选贤育能。

7. Insist on the Highest Standards：最高标准。

8. Think Big：远见卓识。

9. Bias for Action：崇尚行动。

10. Frugality：勤俭节约。

11. Earn Trust：赢得信任。

12. Dive Deep：刨根问底。

13. Have Backbone，Disagree and Commit：敢于谏言，服从大局。

14. Deliver Results：达成业绩。

如此看来，亚马逊也没有什么特别之处。这些口号，或是类似的口号，很多企业不是也用、也喊、也贴在墙上吗？为什么结果差别这么大呢？关键就在于，亚马逊每条领导力准则后面还有两三句话。

比如，"痴迷客户"很抽象，很难定义吧。亚马逊是这么描述的：

> 领导者从客户入手，再反向推动工作。他们努力工作，赢得并维系客户对他们的信任。虽然领导者会关注竞争对手，但是他们更关注客户。

再比如，什么叫"最高标准"？标准本来就已经很难定义了，最高标准更是难上加难。亚马逊是这么描述的：

> 领导者有着近乎严苛的高标准，这些标准在很多人看来可能高得不可理喻。领导者不断提高标准，激励自己的团队提供优质产品、服务和流程。领导者会确保任何问题不会蔓延，及时彻底解决问题并确保问题不再出现。

如果你对这两三句话的扼要描述没什么特别的感觉，强烈建议你多读几遍，字斟句酌地品味其中的深意。

因为这两三句话正是亚马逊定义企业文化的独特之处。他们没有停留在抽象概念的层面，而是将其一条条准则细化为一个个明确具体的日常行为。

只有细化为具体行为，对企业文化的理解，才能统一；对企业文化的落地，才有保障

更为精妙的是，一旦细化为具体行为，就可以通过观察具体行为分析和判断每个人在日常工作中是否真的在践行企业文化的要求。

比如，某人是否真的痴迷客户，我们很难抽象地评价。然而一旦将其具体化，如此人在思考工作时，究竟是从客户需求入手，反向倒推，还是习惯性地从现行做法、现有能力出发；此人在面临冲突，必须有所取舍时，究竟是为了赢得并维系客户的长期信任，还是为了达成自己的业绩，我们还是能观察、能判断的。

再如，某人是否真的坚持最高标准，我们很难抽象地评价。然而一旦将其具体化，如此人制定标准，尤其是给自己定目标、定要求时，是否真正做到了近乎严苛，在很多人看来高得不可理喻，并且做到了持续提升；此人在解决问题时，究竟是在打补丁，临时糊弄一下，还是真正做到了及时彻底，并确保同类问题不再出现，我们还是很有感觉的，毕竟事实胜于雄辩。

设计落地方法：从理念到日常工作

把企业文化，从空洞的口号、抽象的概念，细化为明确具体的行为，只是万里长征的第一步。如何让企业文化真正落地，成为指导大家日常工作的行动指南，这才是真正的挑战。

在这方面，贝佐斯真是没少花心思，想出了不少简单直接且行之有效的办法。我们就拿"痴迷客户"举例，看看亚马逊究竟有哪些招儿。

贝佐斯的每周一问

每周例会上，贝佐斯都会问"我们怎样才能为客户做得更好？"这是贝佐斯的习惯，风雨无阻，每周都问。

给客户留把空椅子

在亚马逊创业早期，为了灌输"痴迷客户"的理念，贝佐斯在开会时，会给客户留把空椅子，时刻提醒大家，虽然客户不能亲临现场，但大家要始终心怀客户，把客户的利益放在第一位。

从客户的视角写新闻通稿

在亚马逊，所有创新项目在正式立项前，都要写新闻通稿，明确定义自己的目标客户，并从客户的视角，阐述该产品或服务究竟能为客户创造什么价值，给客户带来哪些惊喜。

实时收集客户反馈

当今时代，传播速度惊人。若处理不当或处理不及时，某个孤立的偶发事件就有可能在很短时间内发酵成广受关注的社会议题，对相关企业造成巨大的负面影响。为了防范这样的风险，亚马逊开发了客户反馈自动收集系统，实时跟踪客户意见，尤其是对表达不满的负面反馈。

一线客服直接下架

在亚马逊，如果多位客户对同一款在售产品提出投诉，客服中心的一线工作人员就有权将这款产品直接下架。请注意，这里的关键词是"直接"，既不需要请示客服中心领导，也不需要跟零售部门打招呼，直接下架。这么做，显然会影响零售部门的销售业绩，但贝佐斯对此非常支持，既然让客户不爽，就该受罚。

每年去当两天客服

亚马逊每年都会安排部分经理去客服中心接两天电话。为什么要这么做呢？因为贝佐斯特别担忧，随着公司的不断发展，大家会变得骄傲自满，会沉醉于已经取得的各种成绩，不再坚持极高标准，不再要求自己持续提升。去客服中心直接感受客户的各种不满，亲身体验客户的各种吐槽，有利于大家保持警醒，看到即便是今天的亚马逊，也有很多需要改进和提高的地方。

自动、主动退款

如果为客户提供的产品或服务不能达到既定标准，怎么办？是要等客户投诉才能发现并解决吗？有了数字化的智能系统，亚马逊实现了自动发现、主动退款的功能。客户不需要投诉，问题就能自动解决。从一定意义上说，这种解决问题的独特方式给了客户很大的惊喜。

具体是怎么做的呢？贝佐斯在2013年致股东的信中写道：

> "亚马逊开发了智能系统，能自动追踪客户体验。如果客户的某次体验不能达到我们制定的标准，系统会自动发现，还能主动退款。最近，有位行业观察家收到了亚马逊系统自动发送的邮件。邮件是这么写的，'我们发现您在使用亚马逊视频点播服务中，电影《卡萨布兰卡》的播放效果不佳，给您造成了不便，我们深感歉意。特此向您退还相关服

务费用 2.99 美元。希望以后您还会继续使用这项服务。'这次经历让他深感惊讶,并在随后的文章中写道,'我观看视频效果不佳的事,亚马逊竟然能自动发现,还能主动退款。这才是真正的客户至上。'"

做到以身作则:在每个决策中践行

要想企业文化在全体员工心中生根发芽,企业领导人的以身作则必不可少。为什么在有些企业,大家嘴上喊着口号,心里却在暗暗骂着?就是因为那些口号只是企业对他们的要求,而高高在上的领导人们,却在说一套做一套。

亚马逊的企业文化深入人心,在很大程度上与贝佐斯自己的亲身践行、率先垂范、大力倡导、不懈坚持密不可分。每个会议、每个决策、每次发表演讲、每次接受采访,都可以看出贝佐斯内心对此的坚定信仰与不懈坚持。

说到"痴迷客户",贝佐斯毫无疑问是全球最痴迷客户的企业家之一。

贝佐斯的定价原则

众所周知,沃尔玛长期奉行的宗旨是天天低价。在这点上，贝佐斯不仅偷师沃尔玛，还站在巨人的肩膀上，进行了数字化升级。

近20年前，亚马逊就开发了自动定价工具，可以实时搜寻网页，收集各方定价，并自动调整定价，确保亚马逊的价格始终最具竞争力。

一次高管会上，有人问贝佐斯，要是市场上虽然有更低的价格，但实则没货，亚马逊是不是就不需要下调价格了？因为对于那些真正着急想买的客户，就算亚马逊的价格高一点儿，他们也只能从亚马逊买。这个问题合情合理。总之能赚的钱，为什么不赚呢？

对此建议，贝佐斯断然拒绝了。他说，即便客户这次出于无奈被迫接受了亚马逊更高的价格，这种不好的感觉也会持续很长时间，会有损客户对亚马逊的信任。利润是小，信任是大，这就是亚马逊的领导力准则！

正如贝佐斯自己所说，**亚马逊的定价原则，绝不是短期利润最大化，而是持续赢得客户的信任**。最为可贵的是，他不仅是这么说的，也是这么做的。

理解到这一层，你就不会对亚马逊云服务 AWS 在几乎没有竞争压力的情况下连续主动降价51次感到诧异了。要知道，2012年亚马逊云服务 AWS 还推出了一项令人匪夷所思的服务，能自动分析客户的使用情况，并能在保证性能安全的前提下主动提建议，帮助客户降低使用成本。

贝佐斯的问号邮件

在亚马逊，突发事件会按照严重程度分为五级，一级最高，五级最低。但在此之上，还有一种情况，一旦发生，就得放下所有工作，马上投入战斗。这种情况就是贝佐斯的问号邮件。

为了直接听到客户的声音，贝佐斯很早就公开了他的邮箱。只要客户愿意，遇到问题可以直接向贝佐斯投诉。如果问题严重，贝佐斯会在邮件上加个问号，然后直接转发给相关人员。

如果有幸收到贝佐斯的问号邮件，不仅要快速解决，还得找到造成此类问题的根本原因，**从根源上，杜绝此类问题的再次发生**。问题解决之后，还得把问题分析及解决方案汇报给贝佐斯。

贝佐斯这么做，就是为了确保亚马逊内部尤其是高层，能够真正听到客户的声音。

4000 台粉色 iPod 的故事

据亚马逊前高管罗斯曼回忆，有一年圣诞节前，客户通过亚马逊平台预订了 4000 台苹果公司的粉色 iPod。然而，11 月中，亚马逊收到苹果公司的通知，说是得延期交货。

如果你是负责人，收到这样的坏消息，你会怎么做？

常规做法无非赶紧把这个坏消息告知每位订货的客户，毕竟在圣诞节无法收到或送出心仪已久的礼物，的确会让人非常失望。当然在表达歉意的同时，你还得直接或委婉地强调，这是苹果公司造成的问题，与你自己无关。

这么做，既礼貌，又专业，简直就是标准答案啊！环顾全球，很多公司的确就是这么做的。但在亚马逊，对于那些真正痴迷客户，不仅要让客户满意，还要给客户惊喜的人来说，这不是答案。

亚马逊又是怎么做的呢？他们去市场上按零售价买了 4000 台粉色 iPod，并手工分拣，确保在圣诞假期前送到每位客户的手中。

从赚钱的角度讲，这简直是疯了。但贝佐斯给予了坚定的支持，因为这才是真正的"痴迷客户"，才是亚马逊要的企业文化。

赋予特殊意义：在独创奖项中强化

企业文化如何强化，如何变得更加生动形象？如何肯定那些好的行为？如何激励那些真正做到的人？贝佐斯不愧是企业管理大师，在这方面，他再次表现出过人的创意。

门板奖：表彰厉行节俭

说到节俭，在亚马逊，"门板"是艰苦创业、厉行节俭的象征。因为创业之初，贝佐斯就是用门板拼成了办公室的桌子。设立门板奖旨在肯定在为客户创造更低的价格方面做出巨大贡献的人。其奖品就是一个门板办公桌的装饰品。

除了门板，还有什么能形象生动地说明亚马逊在勤俭节约方面的不懈追求呢？贝佐斯一直在留意寻找。在2009年的股东大会上，"灯泡"成了亚马逊厉行节俭的新象征。

这又是什么故事呢？原来亚马逊的各履约中心都有自动售货机，每台自动售货机都有明亮的背景灯。在灯光的衬托下，所售商品的图片会显得更加鲜艳醒目，更加让人怦然心动。秉承勤俭节约的精神，**亚马逊生生地把这些自动售货机里的灯泡全都拆了。**

其实，省下的电费每年不过几万美元而已，这对于每年收入高达几千亿美元的亚马逊来说，真不算什么大不了的费用。你会不会觉得这么做，有些不可理喻？

贝佐斯可不这么看。在他看来，这件事的象征意义巨大，这是在明白无误地告诫每位员工，亚马逊对勤俭节约的标准是什么。正如亚马逊不懈追求的极高标准，这些标准在很多人看来，的确高得有些不可理喻。

敢干奖：肯定崇尚行动

为了强化崇尚行动的企业文化，贝佐斯创立了"敢干奖"，旨在肯定那些特别积极主动，尤其是日常工作之外，勇敢突破自己，取得突出成绩的人。

既然有奖项，就得有奖励啊，那么拿什么来奖励这些人呢？亚马逊历来强调节俭，发巨额奖金显然不太合适。于是贝佐斯别出心裁地想到了用旧球鞋，必须是穿过的、穿破的。

在亚马逊，这一奖品竟然广受追捧。有幸获奖者必然是将之供奉在办公室最显眼的地方，骄傲之情写在脸上。

万年钟：象征长期主义

众所周知，贝佐斯信奉长期主义，本书前文也对此进行了深入的剖析。那么贝佐斯眼里和心中的长期，究竟有多长呢？

贝佐斯用实际行动回答了这个问题。2018年，他个人出资，在美国得克萨斯州西部的深山中，建造起一座十多米高的巨型"万年钟"[一]。这座钟非常特别，其秒针每一年才走一格，其时针每一百年才走一格，想听一次报时，得等上一千年。

正如贝佐斯自己所说："这不是一座普通的钟，这是**长期主义的终极象征**。"

[一] 万年钟官网，http://www.10000yearclock.net/learnmore.html。

| 本书小结 |

亚马逊核心管理思想及方法

· 亚马逊管理体系 ·

模块 1　业务模式：痴迷客户，拓展边界

亚马逊在构建其业务模式时，始终聚焦核心，坚持痴迷客

户、为客户创造、长线思维、投资未来，不断探索全新模式，不断拓展业务边界。

核心要点

- 亚马逊痴迷客户的其中一个原因是客户神圣的永不满足，即客户永远期望更优的选择、更低的价格、更便捷的服务。
- 客户是亚马逊最宝贵的资产，对客户，要永远保持敬畏，要为客户发明创造。
- 一切都要看长远，投资未来比当期盈利更重要；现金流比净利润更重要。

模块 2　人才招募：极高标准，持续提升

亚马逊始终坚持对人才招募的极高标准，通过严谨的招聘流程、精心设计的自我选择机制、独具特色的用人留人方法，打造自我强化的人才体系，持续提升组织整体的人才水平。

核心要点

- 在亚马逊，最重要的决策就是招人，且宁可错过也不错招。为什么？因为你的人就是你的企业，人不对，再怎么补救都没用。
- 贝佐斯招人的三个问题：你钦佩这个人吗？这个人的加入，能提升整体效能吗？这个人在哪些方面有过人之处，取得过哪些非凡成就？
- 人才要求的三个关键词：实干家、主人翁、内心强大。通过

把关人制度，亚马逊在招聘过程中，坚持对人的极高标准，并确保持续提升。
- 用人留人的两个方法：帮助新人加速成长，给予老将全新机会。
- 要吸引顶级人才，必须一把手或高管亲自出马。

模块3 数据支撑：聚焦于因，智能管理

亚马逊致力于打造跨部门、跨层级、端到端的实时数据指标体系，借助数据算法、机器学习、人工智能等数字技术，开发智能管理工具系统，通过严格追踪、考量分析每个影响客户体验及业务运营的原因，快速发现问题、解决问题，甚至自动完成常规决策。

核心要点

- 数据指标的五条要求：极为细致、极为全面、聚焦于因、实时追踪、核实求证。
- 智能管理工具系统：推动常规决策自动化，将组织的精力从日常管理中释放出来。
- 怎样思考投入产出：打造数据指标体系，开发智能管理工具系统，确实是投资巨大的系统工程，但随着时间的推移、数据的积累、算法的迭代，其能创造的回报也会越来越大。

模块4 创新引擎：颠覆开拓，发明创造

亚马逊致力于发明创造，致力于打造持续加速、持续颠覆、

持续开拓的创新引擎，不仅要取得自身业务的快速增长，还要创造规模巨大的全新市场。

核心要点

- 正确认识创新的五个代价：敢于打造新的能力；敢于颠覆现有业务；敢于开拓全新市场；不怕失败，持续探索；不畏艰难，保持耐心。
- 打磨创意的方法：撰写新闻通稿，明确目标客户、成功标准及可能遇到的困难与障碍。
- 推动创意的实现：组建项目组，选对项目负责人，明确责任，全程负责到底。

模块5　决策机制：既要质量，更要速度

亚马逊在重视决策质量的同时，更强调决策速度，不仅做到了既快又好，而且形成了一套明确具体的决策原则和方法，这样一线团队就能按统一要求做好决策，从而把授权赋能落到实处。

核心要点

- 认真区分两类决策：第一类重大决策，结果影响巨大、事关生死且不可逆；第二类常规决策，结果影响不大、过程可逆、可灵活调整。
- 常规决策加快速度：尽量数字化智能决策，或明确授权对象，加快审批速度，如采用一级审批、并联审批等。

- 重大决策既快又好：要充分挖掘事实真相，大胆想象未来变化，反对一团和气，不必全体同意；如果的确纠结，遥想生命苦短，尽量少留遗憾。
- 组织决策能力提升：统一原则（9条管理及决策方法），统一方法（告别PPT，改写叙述文），领导以身作则（在每个决策中，坚持方法，强化原则）。

模块6　组织文化：坚决反熵，始终创业

亚马逊坚决反熵，强调始终创业，永远都是第一天，即无论公司发展多快、规模多大、实力多强、市值多高，都要像创业第一天一样，快速灵活、持续迭代。

核心要点

- 防范第二天的7个方法：真正痴迷客户、抵制形式主义、拥抱外部趋势、提高决策速度、消灭骄傲自满、消灭官僚主义、重新定义负责。
- 亚马逊14条领导力原则：痴迷客户；主人翁精神；创新与简化；决策正确；好奇求知；选贤育能；极高标准；远见卓识；崇尚行动；勤俭节约；赢得信任；刨根问底；敢于谏言，服从大局；达成业绩。
- 打造第一天文化的四个步骤：
  1. 通过描述具体行为，明确定义组织文化（如痴迷客户、极高标准）。

2. 聚焦日常具体工作，精心设计落地方法（如每年去当两天客服等）。
3. 在每个具体决策中，领导做到以身作则（如贝佐斯的问号邮件等）。
4. 在每个独创奖项中，赋予意义强化文化（如门板奖、敢干奖等）。

| 附录 A |

亚马逊 9 条管理及决策方法

贝佐斯 1997 年致股东的信节选：

基于我们对长期主义的强调，我们决策取舍的方法会有别于其他一些企业。为此，我们把自己秉承的基本管理及决策方法明示如下，希望这样的坦诚沟通能有助于您（指的是股东）更好地了解我们，在充分了解的基础上，判断并确认双方的理念是否契合：

- 我们会继续坚持痴迷客户。
- 在决策取舍时，我们会继续坚持优先考虑长期市场领导地位，而不是短期盈利或短期股价表现。
- 在投资过程中，我们会继续坚持项目评估、动态优化，并从成功和失败中汲取经验教训。对不能达到回报要求的，我们要果断叫停，对运作良好、前景巨大的，要追加投资。
- 在面对那些能够创造长期市场优势且把握性很大的机会时，我们会继续坚持大胆投入。即便把握性很大，但结果也不可能每次都成功。然而无论成功还是失败，我们都能从中获得弥足珍贵的学习和提升机会。
- 如果必须在当期盈利（体现在企业财务报表中）和长期价值

（体现在企业未来现金流折现值中）之间做出取舍，我们会继续坚持选择长期价值，即现金流。

- 在做大胆的投资决策时，我们会在保密要求允许的范围内，把背后的战略思考过程分享给您，以便您评估、判断这样大胆的投入是否合理，是否真正有利于我们构建长期市场优势。
- 我们会继续坚持勤俭节约。我们深刻懂得持续精简开支、强化成本控制的重要性，尤其是现在公司业务还处于亏损的状态。
- 我们力求在业务增长与长期盈利及资金管理之间实现均衡发展。但在现阶段，我们会优先考虑业务增长，因为基于我们的商业模式，规模是创造长期价值的核心基础，对此我们坚信不疑。
- 我们深知，企业成败的关键在于人，因此在人才招募上，我们会继续坚持招募有多种能力、才华出众且真正有主人翁精神的优秀人才；在薪酬结构上，我们会继续坚持侧重股权激励，而非现金薪酬。真正成为公司股东，有利于激发员工的积极性和发自内心的主人翁责任感。

| 附录 B |

亚马逊 14 条领导力原则

1. 痴迷客户（Customer Obsession）

领导者从客户入手，再反向推动工作。他们努力工作，赢得并维系客户对他们的信任。虽然领导者会关注竞争对手，但是他们更关注客户。

Leaders start with the customer and work backwards. They work vigorously to earn and keep customer trust. Although leaders pay attention to competitors, they obsess over customers.

2. 主人翁精神（Ownership）

领导者是主人翁。他们会从长远考虑，不会为了短期业绩而牺牲长期价值。他们不仅代表自己的团队行事，而且代表整个公司行事。他们绝不会说"那不是我的工作"。

Leaders are owners. They think long term and don't sacrifice long-term value for short-term results. They act on behalf of the entire company, beyond just their own team. They never say "that's not my job."

3. 创新与简化（Invent and Simplify）

领导者期望并要求自己的团队进行创新和发明，并始终寻求使工作简化的方法。他们了解外界动态，四处寻找新的创意，并且不局限于"非我发明"的观念。当我们开展新事务时，我们要接受被长期误解的可能。

Leaders expect and require innovation and invention from their teams and always find ways to simplify. They are externally aware, look for new ideas from everywhere, and are not limited by "not invented here." As we do new things, we accept that we may be misunderstood for long periods of time.

4. 决策正确（Are Right, A Lot）

领导者在大多数情况下都能做出正确的决定。他们拥有卓越的业务判断能力和敏锐的直觉。他们寻求多样的视角，并挑战自己的观念。

Leaders are right a lot. They have strong business judgment and good instincts. They seek diverse perspectives and work to disconfirm their beliefs.

5. 好奇求知（Learn and Be Curious）

领导者从不停止学习，而是不断寻找机会以提升自己。领导者对各种可能性充满好奇并付诸行动加以探索。

Leaders are never done learning and always seek to improve themselves.

They are curious about new possibilities and act to explore them.

6. 选贤育能（Hire and Develop the Best）

领导者不断提升招聘和提拔员工的标准。他们表彰杰出的人才，并乐于在组织中通过轮岗磨砺他们。领导者培养领导人才，他们严肃地对待自己育才树人的职责。领导者从员工角度出发，创建职业发展机制。

Leaders raise the performance bar with every hire and promotion. They recognize exceptional talent, and willingly move them throughout the organization.Leaders develop leaders and take seriously their role in coaching others.We work on behalf of our people to invent mechanisms for development like Career Choice.

7. 最高标准（Insist on the Highest Standards）

领导者有着近乎严苛的高标准，这些标准在很多人看来可能高得不可理喻。领导者不断提高标准，激励自己的团队提供优质产品、服务和流程。领导者会确保任何问题不会蔓延，及时彻底解决问题并确保问题不再出现。

Leaders have relentlessly high standards—many people may think these standards are unreasonably high.Leaders are continually raising the bar and driving their teams to deliver high-quality products, services, and processes. Leaders ensure that defects do not get sent down the line and that problems are fixed so they stay fixed.

8. 远见卓识（Think Big）

局限性思考只能带来局限性的结果。领导者大胆提出并阐明大局策略，由此激发良好的成果。他们从不同角度考虑问题，并广泛寻找服务客户的方式。

Thinking small is a self-fulfilling prophecy. Leaders create and communicate a bold direction that inspires results. They think differently and look around corners for ways to serve customers.

9. 崇尚行动（Bias for Action）

速度对业务影响至关重要。很多决策和行动都可以改变，因此不需要进行过于广泛的推敲。我们提倡在深思熟虑的前提下进行冒险。

Speed matters in business. Many decisions and actions are reversible and do not need extensive study. We value calculated risk taking.

10. 勤俭节约（Frugality）

力争以更少的投入实现更大的产出。勤俭节约可以让我们开动脑筋、自给自足并不断创新。增加人力、预算以及固定支出并不会为你赢得额外加分。

Accomplish more with less. Constraints breed resourcefulness, self-sufficiency and invention. There are no extra points for growing headcount, budget size, or fixed expense.

11. 赢得信任（Earn Trust）

领导者专注倾听，坦诚沟通，尊重他人。领导者敢于自我批评，即便这样做会令自己尴尬或难堪。他们并不认为自己或其团队总是对的。领导者会以最佳领导者和团队为标准来要求自己及其团队。

Leaders listen attentively, speak candidly, and treat others respectfully. They are vocally self-critical, even when doing so is awkward or embarrassing. Leaders do not believe their or their team's body odor smells of perfume. They benchmark themselves and their teams against the best.

12. 刨根问底（Dive Deep）

领导者深入各个环节，随时掌控细节，经常进行审核，当数据与传闻不一致时持有怀疑态度。领导者不会遗漏任何工作。

Leaders operate at all levels, stay connected to the details, audit frequently, and are skeptical when metrics and anecdote differ. No task is beneath them.

13. 敢于谏言，服从大局（Have Backbone，Disagree and Commit）

领导者必须能够不卑不亢地质疑他们无法苟同的决策，哪怕这样做让人心烦意乱、精疲力竭。领导者要坚定信念，矢志不移。领导者不会为了保持一团和气而屈就妥协。一旦做出决定，他们就会全身心地致力于实现目标。

Leaders are obligated to respectfully challenge decisions when they disagree, even when doing so is uncomfortable or exhausting. Leaders have conviction and are tenacious. They do not compromise for the sake of social cohesion. Once a decision is determined, they commit wholly.

14. 达成业绩（Deliver Results）

领导者会关注其业务的关键决定条件，确保工作质量并及时达成业绩。尽管遭受挫折，但是领导者依然勇于面对挑战，从不气馁。

Leaders focus on the key inputs for their business and deliver them with the right quality and in a timely fashion. Despite setbacks, they rise to the occasion and never settle.